종잣돈 천만 원으로 시작해
자산 100억 원을 만들어 낸

부자의
공부법

종잣돈 천만 원으로 시작해
자산 100억 원을 만들어 낸

부자의
공부법

이지영, 윤소영, 박순녀, 임진희, 김소정, 허석화, 이준표 지음

나비의 활주로

돈 공부는 인생 공부이다

돈을 대하는 태도는 인생을 대하는 태도와 연결되어 있다. 경제적 위기를 겪게 되는 순간, 남을 탓하거나 운을 탓하며 인생의 귀한 시간까지 모두 허비하는 사람들이 있다. 반면, 경제적 위기가 닥치면 돈을 현명하게 다루는 방법을 공부하고 더욱 효과적인 투자 방법을 찾아내려 노력하는 태도를 보이는 사람들이 있다. 그들은 바로 경제적 자유와 꿈을 향해서 나아가는 사람들이다.

한 사람이 돈 문제를 어떻게 다루는가는 그 사람이 인생을 어떻게 살아가는지 그 모습을 그대로 보여준다. 수많은 사람이 돈에 대해 고민하고 돈 문제는 매번 새로운 과제로 삶의 전반에 거쳐 다가온다. 예비 신랑 신부들은 결혼만 하면 꽃길이 펼쳐지고 돈 걱정 없이 살게 될 것이라고 단꿈을 꾸지만, 주택 담보 대출, 가전 가구 할부 대금, 자동차 할부금, 전세 대출금, 신용 카드 사용액까지 더해지면서 결혼과 동시에 지출은 늘어난다. 맞벌이 부부들은 둘이 버니까 곧 자리를 잡을 수 있을 거라는 단꿈을 꾸지만, 자녀들을 어린이집에 늦게까지 맡기면서 열심히 일해도 늘어나는 교육비, 생활비, 아이 돌봄 비용에 어깨가 무거워진다. 은퇴를 앞둔 사람들은 퇴직 후의 자유로운 삶을 20년간 꿈꿨지만, 막상 은퇴 시기가 다가오면 소득이 끊기는 불안감과 공포로 잠까지 설치게 된다. 돈 문제를 해결하고 다루는 태도, 마인드, 방법을 배워두지 않으면 인생에서 계속하여 돈 문제로 고통받게 된다. 다각화된 돈 공부로 돈에 대한 우리들의 걱정에 종지부를 찍어야 한다.

오늘날, 부자들은 점점 더 부자가 되고 가난한 사람들은 점점 더 살기 힘들어지고 빚이 늘어나는 현상이 팽배한다. 그 이유는 대부분의 사람들이 '돈'에 대하여 부모의 태도나 행동에서 배우며 부모의 마인드와 태도까지 물려받게 되기 때문이다. 우리가 학교에서 배우고 공부하며 지식을 쌓고 삶을 변화시켜 나가듯이, 돈 문제 역시 공부로 극복할 수 있다. 돈에 관한 공부는 부모로부터 물려받기에 부자 부모의 마인드와 가난한 부모의 마인드는 자녀의 인생에 중대한 영향을 주게 된다.

지금 돈 때문에 힘들어하는 모든 분께 이 책을 따뜻하게 건네고 싶다. 어디서부터 돈 공부를 시작해야 할지 고민이라면, 이 책의 첫 장을 펼치는 순간 인생의 단계별 솔루션을 얻게 될 것이라고 확신한다. 인생의 가장 힘들었던 순간, 그 힘겨운 발걸음 내딛고 삶의 변화와 성장을 만들어낸 일곱 명의 저자가 '돈 공부'를 시작하고 달라진 모습과 그 과정을 가슴 뛰는 스토리와 함께 들려준다.

이지영 저자는 100억 자산을 만든 부의 법칙과 수익형 부동산 투자법, 법인 투자 비법 등을 공유한다.

윤소영 저자는 1,000만 원으로 시작하는 신혼부부의 재테크 3단계와 0원으로 억대 차익을 낸 내 집 마련 노하우를 제시한다.

박순녀 저자는 경력 단절을 극복하고 엄마의 꿈을 이루며 어린이집 원장이 되고 상가까지 마련하며 꿈과 재테크 두 마리 토끼를 잡는 워킹맘의 시크릿 투자법을 공유한다.

임진희 저자는 근무 20년 차에 건강의 위기를 겪으며 깨닫게 된 워킹맘 번아웃 극복 방법, 롤모델 찾기 노하우, 효과적인 가계부 관리법 등을 공유한다.

김소정 저자는 전직 교사로서 자녀 교육과 재테크 두 가지를 모두 성공적으로 이룰 수 있는 효과적인 학군 투자법, 자녀 나이에 따른 전략인 276 학군 투자법 등을 공유한다.

허석화 저자는 16년 군 근무 후 전역하여 사업과 재테크를 준비하고 월 매출 1,000만 원의 사업을 운영하며, 직장 소득 외 돈을 벌 수 있는 방법 10가지 등을 공유한다.

이준표 저자는 직장인이 월급과 월세를 동시에 성공적으로 받을 수 있도록 월급쟁이들도 쉽게 따라 할 수 있는 상가 투자, 서울 빌라 투자, 세컨 하우스 투자 노하우를 공유한다.

이 책은 누구나 한 번에 이해할 수 있고 쉽게 적용할 수 있는 낯익은 사례와 익숙한 내용을 담았다. 많은 사람에게 부자가 되는 길이 절대 어렵지 않고 그 출발점이 바로 코앞이라는 것을 알려주고 싶었기 때문이다. 돈 관리와 재테크에 관하여 실제 생생하게 겪은 저자들의 스토리와 철학을 담고 있으며, 지금 여러분이 서 있는 그 자리에서 지금 당장 무엇부터 해야만 부자의 길에 바로 들어설 수 있는지 즉각적인 솔루션을 제시한다. 지식을 쌓고, 행동으로 옮기며 얻게 된 귀한 재테크 비법을 전수받으며 당신의 미래를 위한 준비를 하길 바란다. 경제적 자유를 얻고자 한다면, 그 길을 먼저 걷고 해낸 사람들의 노하우에 귀를 기울여야 한다.

경험과 진심이 담긴 글은 자신을 비롯하여 누군가의 인생까지 변화시키는 힘이 있다. 글을 쓰고 읽는 두 영혼 사이에는 서로를 잇는, 보이지 않지만 단단한 힘이 있다. 그리고 그 힘은 모든 힘든 고난도 극복할 수 있는 원동력이 되어준다.

부자가 되고 싶지만 어디서부터 공부를 시작해야 할지 막막한 분들이나, 재테크나 투자를 해 보고 싶지만 용기가 없어서 망설이는 모든 이들에게 진솔한 이야기를 통해서 따뜻한 응원과 명확한 방향을 제시해 드리고자 한다.

이 책의 마지막 페이지를 덮는 순간, 당신은 경제적 자유를 향한 여정의 첫걸음을 힘차게 내딛게 될 것이다. 당신을 뜨겁게 응원한다.

2024년 8월
이지영, 윤소영, 박순녀, 임진희, 김소정, 허석화, 이준표 저자 일동

CONTENTS

PART 3

시간 없는 워킹맘의 시크릿 투자법
박순녀

PART 4

5천만 원으로 시작하는 엄마의 투자 일지
임진희

전직 교사가 알려주는
학군지 맞춤 부동산 투자법

PART 5 　김소정

아빠의 경제 독립 프로젝트

PART 6 　허석화

PART 7

무조건 돈 버는 부동산 투자의 비밀

이준표

PART 1

이지영의
부자의 불변의 법칙

이지영

㈜리치 그룹 대표. 3040 엄마들의 경제 멘토.
KBS 아침마당, EBS 호모이코노미쿠스 시즌2, 매일경제TV MZ 도생,
교원 그룹 칼럼니스트를 역임하며 유수의 기관과 방송에서
재테크 분야 최고 강사로 활약 중이다.
저서로는 『엄마의 돈 공부』, 『엄마의 첫 부동산 공부』,
『엄마의 경제 독립 프로젝트』, 『엄마의 10억』 등이 있다.

아무리 일해도
내가 계속 가난했던 이유

지금으로부터 약 15년 전, 봄의 시작을 알리는 설렘이 가득한 벚꽃이 흩날리는 3월, 남편과 나는 결혼식을 올렸다. 값비싼 예물도 없었고, 보증금 1,500만 원으로 빌라 원룸에서 시작했지만, 남편과 나는 그저 함께하는 것만으로 행복했다.

3년 후, 첫아이를 임신하게 되었다. 병원에서 떨리는 마음으로 태아의 첫 심장 박동 소리를 듣던 순간, 나도 모르게 눈물이 나면서 강렬한 신비감과 함께 보호 본능이 생겼다. 3년간 빌라 월세를 전전하며 3번이나 이사를 하면서도 아무 생각 없이 살았는데 태어날 아기는 깔끔한 놀이터가 있는 아파트 단지를 아장아장 걷게 하고 예쁜 아기방을 마련해주고 싶다는 생각이 들었다. 집에 와서 생각하니 아직 아이는 태어나지도 않았고 초등학교도 안 갔지만 잦은 전학도 다니게 하고 싶지 않았고, 우리의 따뜻한 보금자리인 집을 당장 마련해야겠다는 굳은 의지가 생겼다. 내가 초등학교 4학년 때, 부모님의 사업 실패로 이사하고 전학을 2번 다녔었는데 그때마다 집에서는 돈 문제로 인한 부모님의 잦은 부부 싸움으로 마음의 상처를 받았고 학교에서는 새로 전학 온 아이라고 텃세를 부리고 고무줄 놀이에 한참 동안 끼워주지 않아서 점심시간이면 혼자 운동장 구석에 쭈그리고 앉아서 외로웠던 기억이 떠올랐다.

신혼 초 악착같이 종잣돈을 모았고, 소설책은 치우고 태교를 경제 책으로 하면서 마침내 아기가 태어나기 보름 전, 서울 역세권 79제곱미터 아파트를 매수했다. 그리고 나는 온 세상을 가진 것만 같이 행복했다.

그런데 얼마 지나지 않아서 둘째 아이가 생겼고, 담보 대출 이자, 원금 상환, 생활비 등 저축은커녕 마이너스 대출까지 늘어나기 시작했다. 맞벌이로 열심히 하루하루 살고 있었지만 이상하게도 생활은 결코 나아지지 않았다.

첫 집을 마련했을 때는 기쁨에 들떠서, 만기가 30년이었던 대출의 상환 기간은 아랑곳하지 않았고 일단 대출을 열심히 갚아나가면 언젠가 부자가 될 것이고 나는 행복해질 것이라고 믿었다. 그러나 둘째가 태어나고 다니던 회사는 육아 휴직을 하게 되었고, 워킹맘으로 다람쥐 쳇바퀴 돌듯 정신없던 보내던 일상에서 한발 물러서서 생각할 시간을 갖게 되자, '둘째까지 태어났는데 여유는커녕 대출 이자만 30년간 갚아야 하는데 언제까지 돈 걱정을 하면서 살아야 하는 건가?'라는 생각이 들었다. 아무리 노력해도 내가 계속 가난한 이유는 무엇일까? 방긋 웃는 아이들을 보는데 가슴은 답답해졌다. 초롱초롱한 눈망울로 나를 쳐다보는 두 아이들을 어린이집에 맡기고 회사에 다시 복직할 생각을 하니 가슴이 먹먹하기까지 했다.

결국, 둘째가 태어나고 100일 정도 되었을 때, 나는 애지중지하며 아끼던 첫 아파트를 전세로 임대를 두고 남편과 아이들과 허름한 옥탑방으로 이사를 하기로 결정했다. 아기 놀이방도 없어졌고, 아파트 입주할 때 샀던 6인용 소파도 공간이 좁아서 둘 수가 없었다. 옥탑방은 여름 장마철이면 곰팡이가 자주 생겼고 겨울이면 외풍이 심해서 아기들에게 미안했다.

그렇다면 그 당시 재개발 옥탑방으로 100일 된 둘째까지 데리고 이사를 가기로 결단을 내렸던 이유는 무엇이었을까?

그것은 바로 내 안에 있던 잠재력과 나의 자본을 온전하게 '레버리지' 해 보고 싶었기 때문이었다.

시간이 흘렀다. 1,500만 원의 자산으로 신혼을 시작했던 나는 부동산, 주식, 사업을 병행하며 공격적으로 자산을 확대했고 100억 원대의 자산을 만들었다!

15년 전으로 돌아가면, 그 당시 나에게 가난은 도저히 풀 수 없는 족쇄같이 느껴졌다. 고단한 삶에서 벗어나서 경제적 자유를 찾는 방법을 알고 싶었지만, 주변에는 온통 돈 문제로 고통받는 사람들만 가득했다. 지푸라기라도 잡는 심정으로 재테크 책을 펼쳐보기 시작했다. 재테크에 문외한이라 책에 적힌 투자 방법이나 돈 관리 방법들이 암호처럼 어렵게 느껴졌지만, 짙은 절망뿐이던 내 마음속에도 작은 희망의 빛줄기가 보이기 시작했다.

그렇게 해서 깨닫게 된 숨겨진 부자의 불변 법칙은 바로 '레버리지' 개념이었다. 레버리지는 다양한 부분에서 사용될 수 있는데, 투자에서는 자신이 보유한 자본금 외에 대출을 활용하여 투자를 확대하고 수익률을 높이는 단순한 방법을 말한다. '지렛대 효과'라 불리는 레버리지 개념은 적절히 사용할 경우 수익률을 높일 수 있지만, 과도하게 사용할 경우 재정적 위험을 초래할 수 있다.

넓은 의미에서 레버리지 개념은, 자신의 잠재력과 강점을 극대화하기 위해 공부하는 것을 뜻한다. 널리 알려진 다윗과 골리앗 이야기 속에서 다윗은 체구가 작지만 큰 거인인 골리앗을 레버리지의 힘을 사용하며 작은 돌멩이로 물리친다. 두려워하지 않고 자신에 대한 믿음과 지혜, 용기로 쉽게 거구를 넘어뜨린 것이다.

현시대의 투자에서 레버리지란 결국 금수저가 아닌 사람들이 적은 투자금을 가지고 부자가 될 수 있는 비법이다. 비록 연봉이 적다고 해도, 일찍 투자 공부를 시작한다면 우리에게는 시간도 레버리지가 될 수 있고, 직업이 안정적이라면 낮은 금리의 신용 대출 등을 활용하여 그보다 높은 현금 흐름의 월세 소득을 만들 수도 있을 것이다. 배움에 대한 열정이나 트렌드에 맞는 정보도 수익률을 높일 수 있는 레버리지가 될 수 있다.

첫 집을 마련한 이후, 돌아보니 나의 재테크는 완전히 멈추었고 레버리지 활용을 전혀 하지 못하고 있었다. 부동산을 갖고 있음에도 불구하고 모니터링을 멈췄고, 수익형 물건 투자는 생각도 하지 않았으며, 현금 흐름 창출을 위한 추가 레버리지를 활용한 투자 확장 방안 등은 전혀 고려해보지 못한 채 시간만 흐르면서 점점 통장이 비어가고 있었다.

어쩌면 당시 과감하게 옥탑방으로 이사를 갔다는 내 이야기에 어떤 분들은 이렇게 생각할지도 모른다. '대단하세요. 재테크 고수이셨나 봐요.'라고 말이다. 감사한 말씀이지만, 전혀 거리가 멀었다. 점점 잔고가 비어가는 통장을 보면서도 내가 가진 레버리지를 활용할 생각을 전혀 하지 못했고, 방법조차 몰랐다. 부동산 투자는 아기방을 목적으로 매수했던 아파트 빼고는 한 번도 사본 적이 없었다.

솔직히 옥탑방으로 이사 가는 날은 다리가 후들거리고 이사한 후 일주일간은 악몽으로 잠을 잘 수 없었다. 다만 나는 지푸라기라도 잡고 싶었고, 숨겨진 부의 비밀인 레버리지를 한번은 내 삶에서 실험해보고 싶었다. 그때부터 나의 돈 공부가 본격적으로 시작되었다. 나는 돈에 끌려다니면서 살지 않고 내 삶을 주도적으로 살고 싶었다. 나 자신에게도 한번은 부자가 되는 공부를 할 기회를 주고 싶었다.

사실 아이들이 어렸기에 일과 육아와 투자를 모두 병행하는 것이 힘들었다. 일할 때는 아이들을 잘 돌봐주지 못하는 것이 미안하고, 살림을 하고 있을 때는 일 생각에 집중이 안 되고, 다른 사람들과 비교하다 보니 내면에 상처가 남은 무수한 날들이 가득했다. 다만 이 모든 것도 내 삶의 부분이기에, 최고를 원하지 않고 그저 최선을 다하면서 한 걸음씩 걸었다.

지금 당신이 어떤 상황인지 나는 알지 못한다. 힘들고, 지치고, 절망한 상황에서 당장이라도 눈물이 날 것 같은 상황에서 이 책을 들었을지도 모

부자의 공부법

르겠다. 다만 내가 분명히 알고 있는 사실이 있다. 당신은 직면한 현실의 어려움을 극복하고 돌파구를 찾기 위해서 이 책을 펼칠 큰 용기를 낸 사람이고, 나를 포함하여 이 책의 저자들 모두가 당신과 비슷한 상황 아니 어쩌면 당신보다 더 힘든 경제적 상황이나 감정을 겪었다는 것이다. 그렇기에 분명히 알고 있는 사실이 한 가지 더 있다. 당신도 분명히 달라지게 될 것이고 극복하게 될 것이라는 것을 확신한다! 우리가 모두 극복할 수 있었고 변화할 수 있었기 때문이다.

우리가 지금까지 힘들었던 것은 열심히 하지 않아서도 잘못해서도 아니었다. 내가 원룸에 살면서 가난의 족쇄에서 벗어나는 방법을 모른 채 같은 자리만 맴돌았던 것은 열심히 살지 않아서가 아니었고, 오랜 시간 부자들 사이에서만 숨겨져 온 비밀, 부자들의 방법인 '레버리지' 사용 방법을 몰랐기 때문이다. 나는 자신에 대한 믿음, 돈 공부, 대출 등 레버리지 사용으로 인생을 바꿨다. 당신도 부디 이 책으로 '나는 할 수 없다.'는 지금까지의 편견을 깨고 새로운 기회를 잡았으면 하는 간절한 바람이다.

숨겨진 부의 비밀:
레버리지 성공 비법

"우와! 곧 셋째 출산을 앞두고 계신다고요?"

처음 네이버 카페 뉴리치 연구소 회원 '다나의 일상'님과 일대일 재무 상담을 화상 면담으로 진행했을 때 깜짝 놀랐다.

"선생님의 『엄마의 첫 부동산 공부』를 읽고, 세 아이를 위해서 이제라도 제가 재테크 공부를 꼭 해야겠다고 생각했어요! 지금 육아 휴직 기간이라 공부 열심히 할 수 있어요!"

다나의 일상님은 임산부이신데도 피곤하신 내색도 하지 않으시고 환한 미소를 지으시면서 말씀하셨다. 아직 두 아이가 어려서 면담 중에도 "엄마 뭐 해요?"라면서 왔다 갔다 하며 엄마를 찾는데도 "엄마 공부해."라고 답하시면서 내내 미소를 잃지 않고 집중하셨다. 굳은 의지를 보이시는 모습에 내 마음이 뭉클해졌고, 예전에 아이들이 어렸을 때 나의 절박했던 모습을 다시 만난 듯하여서 가슴이 애잔하고 뜨거워졌다.

　일대일 재무 상담을 통해서 보유 물건을 검토하니, 남편분과 철저한 준비 없이 성급하게 투자하신 경기도 물건이 있으셨고 입지가 좋지 않았으며 자금이 오랫동안 묶여 있었고 오르지 않았다. 아쉽지만, 처분하고 우량 물건으로 갈아타기를 권유하였고 다나의 일상님은 향후 아이들의 학군도 고려하여 서울 목동의 아파트를 매수하게 되었다. 9살, 7살 그리고 1살 아기 엄마가 되신 다나의 일상님은 셋째 출산과 함께 처음에는 걱정과 두려움을 느끼셨다고 한다.

　'내가 세 아이를 모두 지지해줄 수 있는 단단한 재력이 가능할까?'라는 두려움이었다. 그러나 그 두려움은 곧 '이대로 있을 수는 없다.'라는 도전으로 바뀐다. 외모가 소녀처럼 여리고 예쁜 다나의 일상님은 외유내강형이시며, 과감한 결단력과 용기 충만의 투자 결과는 불과 몇 개월 지나지 않아서 매매가 1억 상승으로 이어졌다.

　다나의 일상님의 레버리지 성공 비법은 무엇이 있었을까? 실제로 대출을 받으면서 부동산을 매수하거나 전세를 안고 내 집을 매수하는 담보 대출을 활용하는 투자의 경우, 리스크를 최소화하는 것이 중요하며 레버리지 성공 비법이 무엇보다 중요하다. 뉴리치 연구소 수강생 다나의 일상님과 저자의 실전 사례를 통해서 레버리지로 수익을 내는 방법과 매수 타이밍을 파악하는 방법을 우선 보여주고자 한다.

실전 투자 사례 1 2023년 5월 양천구 ○○ 아파트 매수

매매 가격 690,000,000원

2024년 네이버 매물 시세 8억 5천

뉴리치 연구소 네이버 카페 후기(https://cafe.naver.com/newrich100/78218)

매수 시점 가격 2023년 5월

2023년 9월 네이버 시세

1. 매매 가격 전세 가격 시세 추이를 확인하기

레버리지 활용 시 중요한 것은 앞으로의 상승 여력이다. 대출을 받고 이자 비용을 감당하면서 투자를 하거나 전세를 안고 매수를 하였는데 시세가 하락하거나 전세 가격이 떨어지게 되면 심각한 경제적 손실이나 위기가 올 수 있기 때문이다. 모든 상황을 예측하고 막을 수는 없겠지만, 가장 안전한 것은 최소한의 자본금으로 투자를 시작하는 것이다. 다시 말해 전세와 매매가의 차이가 적어서 투자금이 적게 들어가는 시기를 매수 타이밍으로 잡는 것이다.

국토 교통부 실거래가와 호갱 노노 웹사이트 등에서 매매 가격과 전세 가격 시세를 확인하면 된다. 아래 그림은 해당 아파트의 호갱 노노 매매/전세 그래프이다. 전세 비율이 높아져서 매매가와 전세가의 그래프가 서로 근접하게 될 때, 투자 자본금이 최소화되고 안전성이 높아진다.

〈예시〉

호갱 노노 매매/전세 그래프

아래는 필자의 투자 사례이다. 매매 가격과 전세 가격 시세 추이를 확인하여 근접할 때 투자 자본금이 최소화되는 시기에 매수하여 안정성을 높이는 투자 방식으로 수익을 극대화하였다. 다나의 일상님 역시 매매가는 주춤하였으나 서울 부동산 전세가가 오름세를 보이고 있는 추세에 진입하였으며 투자 이후 전세금을 회수할 수 있었다.

실전 투자 사례 2 **2015년 성동구 ○○아파트 31평형 매수**

매매 가격 경매 낙찰 362,300,000원
전세 가격 290,000,000원(투자금 7,000만 원)
2024년 매매가 시세 9억~12억

2. 수요 공급 물량을 확인하기

얼마 전 신문에는 "금값 된 김값"이라는 제목의 기사가 있었다. '김'의 공급이 부족해서 김밥 가격을 비롯하여 각종 김의 가격이 대폭 상승했다는 기사였다. 물건의 가격은 수요와 공급에 의해 결정된다. 부동산 시장에서는 수요와 공급 물량에 따라서 시장 가격의 변동이 일어나고 시장 분위기가 달라진다. 매수 시점 이후 공급 부족 현상이 나타나는 경우, 가격은 지속적으로 상승할 가능성이 높아진다. 무엇보다 공급이 부족하면 전세 물량 역시 부족해져서 전세가가 높아지고 전세가율이 높아지는 현상이 나타난다. 부동산 지인(https://aptgin.com/root_main)이나 아실(https://asil.kr/asil/index.jsp)에서 확인 가능하다. 부동산 지인에서 수요/입주 카테고리 확인 후 지역을 선택하면 신규 공급 물량을 막대그래프로 확인 가능하다. 아실에서 입주 물량 카테고리 확인 후 지역을 선택하면 물량을 파악할 수 있다.

 기간별 수요/입주

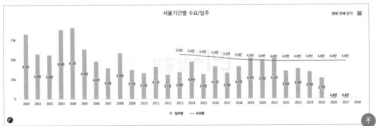

3. 투자 타이밍 활용하기

"출중한 지혜를 갖는 것보다 유리한 기회를 잡는 것이 더 낫고, 좋은 농기구를 갖는 것보다 적절한 농사철을 기다리는 게 더 낫다." 중국 고전 『맹자』에 나오는 말이다. 어떤 지식이나 재주보다도 적절한 때를 잡는 것이 우선이라는 뜻이다.

부동산 투자에도 마찬가지다. 투자를 위한 지식이나 기술보다 더 중요한 것은 타이밍이다. 특히 레버리지를 활용하는 경우, 대출 비용이 발생하므로 타이밍을 맞추어야 비용을 줄일 수 있고 리스크를 관리할 수 있게 된다. 다나의 일상님의 투자 수익이 높았던 것은 부동산 침체기에 급매물을 잡을 수 있었기 때문이다.

투자에 있어서는 "남들이 탐욕스러울 때 두려워하고, 남들이 두려워할 때 탐욕스러워져라."라는 격언이 있다. 2023년 중순은 전세 사기, 고금리, 역전세 문제로 시장에 공포가 만연하였다. 침체기일수록 부동산 지인 공급 물량이나 전세 수요 참고 자료를 통해 공급 물량이 없는 지역으로 투자해야 하며, 전세 수요가 꾸준히 유입되는 곳으로 투자해야 한다. 양천구의 경우 공급 물량이 없으며, 학군지 수요로 전세가가 꾸준하게 유지되는 곳이었다.

부동산 지인 공급 물량

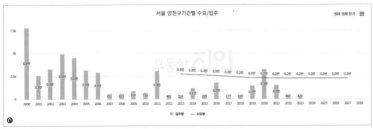

전세 수요 참고 자료

침체기에도 돈 버는 방법은 따로 있다

무엇보다도 당시 급매물을 잡을 수 있었던 것은 빠른 결단력이 성공 요
인이었다. 급매물을 잡는 방법에 대해서 궁금해하는 투자자들이 많다. 지
난 15년간 꾸준히 부동산 실전 투자를 실행해온 결과, 급매물은 시장에서

매우 빠르게 소진되기 때문에 우유부단한 태도로는 절대 급매물을 잡지 못하고 놓친다. 결단력은 그럼 어디에서 올 수 있을까? 급매물을 위한 결단력은 꾸준한 모니터링에서 비롯된다.

시장을 꾸준하게 관찰한 사람들은 급매가 나오는 경우 바로 알아볼 수 있기 때문에 결단을 내릴 수 있다.

그러나 침체기에는 대부분의 사람이 투자에 대해 관심을 갖지 않게 되고 아예 손을 놓는 경우가 많다. 결국 시세보다 훨씬 저렴한 급매물 매수를 통해서 단기적인 차익을 얻을 기회가 부동산 침체기에도 있을 수 있음에도 그 기회를 눈앞에서 놓치게 된다. 부동산 호황기에는 그 누구도 자신의 물건을 급매로 팔려고 하지 않는다. 결국 시장이 호황기일 때도 침체기일 때도 부지런히 모니터링하고 움직이는 사람들은 이익을 얻게 된다. 시기를 탓하기보다는 현재 활용할 기회가 무엇인지 생각해보자. 당신에게도 성공적인 투자 수익을 낼 기회가 계속 찾아올 것이다!

공실 걱정 없는
오피스텔 투자 3원칙

"언니! 이 오피스텔 어떨까요? 옆에 아파트는 매매가 4억인데, 이 오피스텔은 2억 원대이고요, 대출도 80%나 나온대요! 월세는 매달 80만 원씩 받을 수 있다고 하고요, 신축이라 나중에 세 안 나가면 제가 들어가서 살아도 좋을 것 같아요!"

후배가 오피스텔 분양 홍보관을 다녀오고 나서 흥분한 목소리로 전화를 했다.

"민지야, 그 오피스텔 인근에 대기업이나 일자리가 풍부하니? 전용 면적은? 그리고 너 오피스텔 세금은 주택보다 높은 4.6% 취득세인 거 알지? 다주택자에게는 유리할 수 있지만, 무주택자라면 본인의 상황에서 아파트 매수와 비교하여서 무엇이 유리할지 순서 등 검토가 필요하거든."

"언니! 전용 면적이요? 원룸인 것만 보고 왔는데요? 암튼 2억이면 그래도 싼 거 아닐까요?"

후배는 부동산 투자 경험이 없는 상태여서인지 나의 질문에 난색을 표했다.

오피스텔 투자의 경우 세대 수가 적고 소형 평형이 대부분이라 거래에 있어서 좋은 물건을 고르는 데 더욱 주의를 기울여야 하는 것이 사실이다. 그러나 모든 투자에 장단점이 있는 것처럼 오피스텔은 아파트보다 소액으로 투자할 수 있고 저평가된 물건으로 투자한다면 수익을 낼 기회가 분명히 있다. 그뿐만 아니라, 오피스텔은 비주택 수익형 물건으로 다주택자라도 대출 레버리지 활용이 가능하다. 또한 은퇴를 앞둔 분들에게는 노후에 월세 흐름을 창출할 수 있는 소득원이 될 수 있다.

나 역시 아파트 투자로 차익 보는 것을 목표로 하는 것과 동시에 오피스텔 투자로 월세 흐름을 창출하기 위한 투자를 꾸준하게 해왔다. 하단 페이지 사례로 설명해보겠다. 당시 240,000,000원에 매수하여 월세 85만 원을 꾸준하게 받았으며, 전세는 220,000,000원, 월세는 1,000/95 시세는 300,000,000원 정도로 높은 시세를 형성하며 꾸준한 시세 상승과 월세 소득을 창출해내고 있다. IT 기업 성장 추세와 1인 가구의 증가가 핵심 요인이 되었다.

오피스텔 투자 원칙

퇴직 후에도 안정적인 월세 소득을 준비하고자 하는 분들을 위해서 내가 매수했던 오피스텔 투자 경험 및 멘티들의 사례를 바탕으로 오피스텔

실전 투자 사례 | 뉴리치 연구소 비아 76님

매수 가격 2021년 10월 240,000,000원
전세 가격 2024년 5월 220,000,000원
월세 시세 1000 / 95

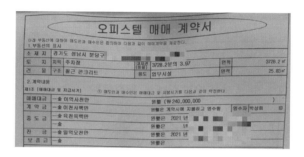

투자 시 주의할 점을 정리하겠다. 오피스텔 투자를 고려하고 있다면 이것만은 반드시 확인해야 한다. 특히 수익형 물건의 경우, 공실 리스크를 피하는 것이 가장 핵심이다. 다음 세 가지를 기억한다면 공실 리스크를 피하고 안정적인 노후를 준비할 수 있을 것이다.

오피스텔 투자 시 반드시 확인해야 할 3가지

1. 임대 수요 분석: 일자리가 풍부한 곳으로 서울의 중심지로부터 직주근접 가능한 곳을 선택하며 IT, 정보, 바이오, 반도체 등 첨단 산업을 핵심으로 한 테크노밸리나 산업 단지에 인접한 곳으로 선택한다.

2. 수익률 계산: 주변 신규 분양 오피스텔 시세 조사를 통해서 매수 가격의 저평가 여부를 판단하며 1인 가구 위주로 초소형(전용 면적 30제곱미터 이하), 소형(전용 면적 40제곱미터 이하) 오피스텔 위주로 투자한다.

3. 교통 편의성 확인: 지하철이나 버스 등 대중교통을 이용하기에 편리한지 확인하며 가급적 역에서 도보 15분 내에 위치한 신축이나 준신축으로 투자한다.

카카오·네이버 판교 신사옥 위치

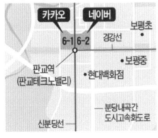

비아 76님의 투자 사례처럼 서울의 아파트 평균 가격과 신규 분양가까지 급격하게 치솟으면서 상대적으로 소액으로 가능한 오피스텔이 대체 투자가 되는 경우가 빈번하다. 경제 기반이 탄탄한 경기도 테크노밸리 인근 부동산이 비교적 적은 금액으로 투자할 수 있는 지역에 속한다. 경기도 성남 분당구 판교 테크노밸리 인근은 네이버, 카카오, 넥슨, 엔씨소프트 등의 IT 기업이 들어서고 제2판교 테크노밸리와 제3테크노밸리도 함께 효과를 나타내며 꾸준한 부동산 상승세를 보였다. 앞으로도 지속적인 상승이 예상되는 지역이다.

그뿐만 아니라 유망 투자 지역 중 하나는 용인 플랫폼시티이다. 판교 테크노밸리 4배 규모로 적극적으로 추진되고 있는 용인 플랫폼시티는 용인시 기흥구 보정동, 마북동, 신갈동 일원에 주택 1만여 가구와 일자리, 쇼핑, 문화까지 아우르는 복합 신도시를 개발하는 프로젝트이다. 사업비만 6조 원에 달하는 수도권 최대 규모의 개발 계획으로 GTX-A 노선 호재와 함께 수도권 남부 지역 핵심 거점으로 주목할 지역이다. GTX-A가 개통되면 강남(수서역)까지 10분, 삼성역까지 13분 만에 도착하게 된다.

특히 올해 3월에는 삼성전자가 플랫폼시티와 인접한 용인시 처인구 남사읍 일대에 '반도체 메가 클러스터'를 조성한다는 계획을 발표했다. 반도체 메가 클러스터는 최대 규모인 710만㎡(약 215만 평)에 300조 원을 투자해 건설된다. 삼성전자 반도체 메가 클러스터와 SK하이닉스 반도체 클러스터에서 용인플랫폼시티로 이어지는 거대 산업 클러스터가 만들어지게 된다. 꾸준한 임대 수요가 예상되는 지역이다.

법인 투자 수익률
극대화 비법

서울에 첫 집을 매수했던 때가 2008년으로 지금으로부터 16년 전이다. 이후 꾸준하게 부동산 투자를 하면서 임대 사업자, 매매 사업자, 법인 사업자 등으로 확장했다. 부동산 법인 투자와 개인 투자의 경우에도 각각 장점과 단점이 있기 때문에 본인의 보유 물건, 지역, 보유 기간, 대출 계획 등을 고려하여 적절한 확장 시기를 판단해야 수익을 극대화할 수 있다. 일반적으로 투자 물건을 장기 보유 후 매도할 예정이면 개인 명의로 보유하고, 단기 보유 후 매도 차익을 얻고자 한다면 법인 명의를 선택하는 경우가 많다. 사실 부동산 투자를 처음 시작할 때는 매수만으로도 버겁기 때문에 매도 시점에 대한 고민 자체를 잘 하지 못하는 경우가 많다. 그러나 부동산 투자는 큰 자금이 투입되는 만큼 시작할 때부터 엑시트 플랜인 출구 전략을 마련해야 더욱 안정적인 투자가 된다. 또한 투자에 따른 수익을 극대화하기 위해서는 예상 보유 기간을 추정한 후 법인 명의 투자와 개인 명의 투자를 분리하여 진행하여야 한다. 법인을 설립하고 부동산 투자를 하는 경우, 다주택자로서 투자의 한계에 부딪혔던 사람들에게 돌파구가 될 수 있고 다양한 절세 효과 등을 얻을 수 있다. 세금의 경우 개정이 빈번하고 매우 특수한 분야이기 때문에 가능하다면 부동산 매수 물건의 명의를 결정하기 전에 전문가와의 상담을 권한다.

법인 투자의 장단점

법인 명의로 부동산에 투자하는 경우 장점과 단점이 있다. 가장 큰 장점의 경우 절세 목적으로 법인 설립을 하는 경우이다. 1가구 1주택의 비과세 혜택을 받아야 하는 경우이거나 청약을 위해 무주택을 유지해야 하는 경우, 법인 명의 부동산 보유는 주택 수에 들어가지 않기 때문에 명의 분산 효과를 나타낸다. 또한 개인은 6%~45%의 8단계 누진세율이 적용되는데 법인은 9%~24% 4단계 누진세율로 구성되어 있고 과세표준이 2억 원까지는 9%로 낮게 적용된다. 개인은 다주택일 경우 대출 규제를 받게 될 수 있으나 법인 대출이 적용되면 주택 매수가 용이할 수 있다. 비용 공제 항목 범위도 높다. 또한 법인세는 2년 미만인 경우 단일 세율로 적용되기 때문에 단기 보유할 경우 세율 혜택이 있다.

법인 투자 역시 단점을 갖고 있다. 전세를 안고 매수하는 경우 세입자를 구하는 것이 개인보다 까다롭고 어려운 경우가 빈번하다. 세입자가 법인에 대한 불신을 갖고 있는 경우가 많고 실제로 전세 대출을 받기 어려운 경우가 많기 때문이다. 임대인이 법인인 경우, 전세자금대출 상품 가입에 제한이 있기 때문에 전세가가 높은 경우, 임차인은 법인 소유 물건을 기피하게 된다. 또한 법인 투자 물건의 경우 매년 종합 부동산세 최고 세율인 6%가 적용된다. 추가적으로 국민 주택 규모 이상의 주택인 경우 부가가치세가 발생한다. 무엇보다도 아직 부동산 법인 설립 목적이 명확하지 않다면 부동산 법인의 장단점을 잘 파악하고 세무사와 논의한 후에 진행하는 것이 수익을 최적화하는 방법이다.

실전 투자 사례 **부산광역시 용호동 LG ○○○아파트 사례**

2020년 6월 KB 시세 550,000,000원
월세 3,000만 원 / 160만 원 임대
2022년 5월 KB 시세 910,000,000원

법인 투자 당시 부산은 비규제지역에 속했고 지속적인 공급 과잉으로 부동산 가격이 하락한 상태였다. 매수자 우위의 시장이었다. 매물이 상당히 많은 편이었고 급매물 매수가 용이한 상황이었다. 또한 급매로 나와 있는 물건을 매수할 수 있었던 이유 중 하나는 상속된 물건으로 세 명의 자녀가 빠르게 처분하고 자금을 정리하고 싶은 마음이 컸기 때문이었다. 부동산 투자에 있어서는 개별 물건의 상황을 구체적으로 확인해야 하는데, 특히 매도 사유나 현재 매도자의 상황 등을 대략적으로 부동산에 물어본다면 급매 가격으로 매수가 가능할지 여부가 판단된다. 부동산 매매에 있어서 정가가 정해져 있지 않기 때문에 부동산 중개인과의 대화와 협

상 등이 중대한 변수가 된다.

부동산 지인 수요/입주 물량

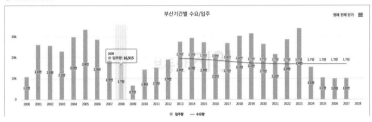

부산은 2019년 이후 물량이 줄어드는 모습을 보였고 2022년 다시 증가세를 보였다. 특히 남구의 경우, 상당 기간 공급 물량이 부족했다. 2019년과 2020년 공급 부족 현상이 나타났으며, 2022년이 되자 KB 시세는 5억원에서 9억 원으로 상승하게 되었다. 법인 투자의 경우 수요 공급과 시장상황 등을 고려하여 매도 타이밍을 사전에 결정하고 들어가야 세금적인이익을 극대화할 수 있다.

부동산 지인 수요/입주 물량

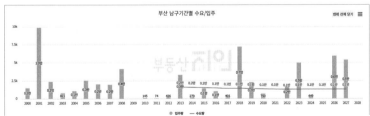

부동산 법인 명의로 부동산 임대 사업 투자의 경우 앞서 말했듯이 장단점이 있으며 특히 개인의 소득 금액에 따라서도 장점과 단점이 있을 수 있다. 예를 들면, 본인의 사업 소득과 근로 소득이 있는 사람이 추가로 임대 소득이 발생하는 경우 소득세 구간이 높아지면서 종합 소득세, 건강 보험료 부담이 높아지고 세금 부담이 커지게 된다. 이처럼 임대료 외 기타 소득이 상당한 사람들은 법인을 활용하여 토지 상가 등의 수익형 부동산 투자를 진행하면 소득세 구간이 낮아지고 부담이 줄어들게 된다. 개인 종합 소득세에 대비하여 법인세율이 적용되어 절세의 효과가 나타나는 것이다.

　그러나 부동산 취득 후 2년 이내에 단기 매매를 하는 경우 개인은 양도세 중과가 적용되어 세금 부담이 커진다. 반면 법인은 단기 매매를 하더라도 차익에 대하여 9~19%로 낮은 세율을 적용받게 된다. 다만, 법인 명의 투자의 경우, 주택은 취득세, 종합 부동산세, 법인세 등의 중과가 있을 수 있기 때문에 다양한 사항을 고려하여 결정해야 한다.

　부동산 투자의 경우 부동산을 보유하는 기간, 개인의 소득 규모, 담보 대출의 금액 등에 따라서 다양한 변수가 있고 세율 구간 및 세금의 금액이 변화될 수 있기 때문에 반드시 개인적인 재무 상황을 명확하게 감안하여 전문가와 상담 후 법인 투자 물건과 개인 투자 물건을 분리하여 운용하는 것을 권한다.

성공 투자 3가지
황금 원칙

투자를 꾸준하게 한다는 것은 농사를 짓는 것과 닮았다. 농사를 짓는 농부들이 봄에 씨앗을 뿌리고 가을이 되면 열매를 수확하듯 투자도 씨앗을 뿌린 후 시간이 지나야 열매를 얻을 수 있다. 투자란 돈이 열리는 나무를 심는 것과 같다.

농사에 있어서도 어느 해는 바람이 많이 불어서 가지가 꺾여버리기도 하고, 비가 오지 않아서 곡식이 말라버리기도 하는 것처럼 투자에 있어서도 어느 해는 침체기가 온다. 농사를 지으면서 항상 날씨가 맑고 모든 조건이 완벽하기만을 바랄 수 없듯이 투자에 있어서도 늘 리스크가 존재한다. 2008년 첫 집을 마련한 이후 수백 채의 물건을 운용하고 검색하고 시장을 조사하면서 깨닫게 된 것은, 투자를 위한 여건이 맑은 날도 있고 흐린 날도 있기에 장기적인 관점으로 접근해야 하며 안정성을 중시하면서 대비책도 함께 마련해 두어야 한다는 것이다. 무엇보다도 우량한 종자를 심고 관리하는 것이 중요하듯, 부동산 투자 역시 부동산 호황기뿐 아니라 침체기에도 방어할 수 있고 흔들리지 않고 반등할 수 있는 입지가 우수한 지역으로 최적의 타이밍에 매수하는 것이 가장 중요하다.

십여 년간의 투자 경험을 바탕으로 성공적인 투자를 위한 3가지 황금 원칙을 마련하였다. 이 원칙을 따른다면, 당신도 달콤한 열매를 안게 될 것이다.

성공적인 투자를 위한 3가지 황금 원칙

1. 고소득 직장이 밀집된 지역으로 입지가 우수한 곳에 투자해야 한다. 고소득층이 많은 지역의 경우, 침체기에도 가격 방어가 가능하다. 또한 레버리지 활용 금액이나 자금력이 높기 때문에 호가가 수월하게 체결되면서 오를 때는 더 빠르게 높게 오르게 된다.

2. 교통 호재가 있는 곳으로 투자해야 한다. 특히 핵심 일자리와의 접근성이 중요하며 지하철 개통, GTX, 신안산선 등 미래에 더욱 확장될 교통 호재가 있는 지역에 집중해야 한다. 교통이 편리한 곳은 임대 수요 역시 풍부하기 때문에 전세나 월세 수요가 높고 공실의 위험성이 적어지며 투자의 안정성을 높여준다.

3. 적절한 투자 타이밍을 분석하여 투자해야 한다. 투자에 있어서 가장 중요한 요소 중 하나는 매수 가격이다. 오랫동안 가격 변동이 없던 지역은 매도자의 입장에서 급매로라도 처분하고 싶은 마음이 강해진다. 집을

매수할 때 대출 등을 활용하여 매수하였는데 변동 폭이 적다면 실망으로 이어지며 투자에 대한 회의감으로 변하고 매도의 심리가 강해지게 된다. 이 시기에는 급매물이 증가한다. 이때 주의할 것은 매매가는 오르지 않았지만 전세가는 꾸준하게 상승되는 지역일수록 임대 수요도 확인되고 투자 타이밍으로 적절하다는 것이다.

실전 투자 사례 **서울 강동구 ○○아파트 대형 평형 매수**

2020년 890,000,000원 매수
2024년 시세 1,400,000,000~1,800,000,000원

2020년 강남 4구에 속하는 강동구에 대형 평형 아파트를 매수하게 되었다. 무엇보다도 2018년까지 이 아파트의 매매 가격은 정체되어 있었으며 특히 대형 평형의 경우 급매로 처분하고 싶어 하는 사람들이 많았다.

고소득, 교통 호재, 타이밍의 세 가지 관점에서 확인해보자면, 강동구

는 강남 4구에 속하는 고소득층이 거주하는 지역에 속한다. 교통 호재의 경우, 송파와 강동구의 지하철 개통망은 네이버 부동산과 호갱 노노에서 호재를 확인할 수 있다. 마지막으로 타이밍의 경우 파악이 쉽지는 않으나, 전세는 가파르게 오르고 있고 매매가는 변화가 없는 타이밍이 투자금을 최소화할 수 있는 적절한 타이밍이다. 이에 따라, 시세는 그래프와 같이 꾸준한 상승세를 나타냈다. 투자의 핵심 원칙을 지킨다면 급매를 통해서 수익을 극대화할 수 있다.

실전 투자 사례 **뉴리치 연구소 블루곰님**

경기도 오산 세븐일레븐 편의점
매수 금액 2억 원대
보증금 1,000만 원 / 월세 100만 원

이제 투자1호를 시작하였으니 여기 있는 다른 선배님들처럼 내집마련도 투자2호, 3호도 도전해보려고 합니다.

월세가 월급이 되는 그날까지 화이팅!!

겁이 많은 저에게 '할 수 있다'는 용기와 '시작 할 수 있는' 실천력을 깨워주신 대표님과 팀장님께 진심으로 감사드립니다. ^^

상가 매매 계약서

아래 부동산에 대하여 매도인과 매수인은 합의하여 다음과 같이 매매계약을 체결한다.
1. 부동산의 표시

소재지	경기도					
토 지	지목	대		723.9분의 8.18	면적	
건 물	구조	철근 콘크리트		용도	제1종근린생활시설	면적

2. 계약내용
제1조 [매매대금 및   ]

매매대금				
계 약 금				
중 도 금				
잔 금				
융 자 금				

① 제1항의 매매대금은 매수인이 매도인에게
제2조 [소유권이전] 매도인은 매매대금의 잔금을 수령함과 동시에 소유권 이전등기에 필요한 모든 서류를 교부하고 위 부동산을 인도하여야 한다.

월세 흐름을 만들기 위해서 상가 투자를 할 때, 인근 소비 현황, 교통망, 매수 타이밍 등을 확인해야 한다. 특히 상가의 경우 소비가 거의 없는 지역이나 연령대가 거주하고 있다면, 상권이 점차 약해지면서 공실의 위험성을 높이기 때문이다. 단지 내 상가의 경우, 경기의 영향을 받지 않는 업종, 오랫동안 단골 고객이 형성되는 업종, 인테리어 비용 등 권리금이 상당히 형성된 곳으로 선택해야 한다.

블루곰님의 경우, 급매로 편의점을 매수할 수 있었던 것은 당시 코로나로 상가 거래가 주춤한 상태였기 때문이다. 매수 타이밍에 있어서는 위기가 기회일 수 있다는 말이 적용된 것이다. 우량 물건에 대한 안목을 갖기 위한 준비를 한 후, 확신을 갖고 접근한다면 최적의 타이밍에 매수하며 인생을 바꾸게 될 것이다.

블루곰님 후기(https://cafe.naver.com/newrich100/51774)

편의점에서 커피사는 대신 편의점에서 월세받는 삶으로 ~~

블루곰 뉴리치 수강 🖼 ＋ 구독 1:1 채팅   💬 댓글 34   URL 복사
2021.08.23. 13:36 조회 479

안녕하세요 ??

저도 언젠가 꼭 ' 투자 후기를 쓰고 싶다 ' 라고 생각만했는데 드디어 쓸 수 있게 되었습니다. ^^

얼마전 편의점 상가를 계약하였습니다.

지난 주에 계약을 하고 계약금을 이체하고 다음날 계약서를 보면서 '이게 정말 된 건가?' 부동산 사장님이 주신 계약서를 계속 확인하면서 믿기지 않아서 결국 그날 밤을 꼴딱 새웠습니다.
너무 기분이 좋아서 믿기지가 않아서 행복해서 잠이 오지 않았습니다. :)

처음 부동산에 전화할 때에는 대본을 써놓고 덜덜 떨면서 전화를 하고 ㅜㅜ
처음 부동산에 방문하여 임장할 때에는 부동산 사장님을 마주보지도 못했는데 ㅜㅜ

그런 생초보에 겁이 많은 쫄보가 처음 상가를 계약하였습니다.

부자의 공부법으로
부를 확장하라

"습관은 복리로 작용한다. 돈이 복리로 불어나듯이 습관도 반복되면서 그 결과가 곱절로 불어난다. 100번만 같은 일을 하면 그게 당신의 강력한 무기가 된다."

『아주 작은 습관의 힘』이라는 책에서 제임스 클리어는 위와 같이 강조한다.

2008년 서울 성동구의 작은 아파트를 매수하며 내 집 마련에 성공했다. 이후 서울을 비롯하여 전국의 부동산을 검색하고, 수천 개의 물건을 조사하고, 부동산과 끊임없이 통화를 하며 시장 상황을 파악했다. 주말에는 현장을 방문하고 시장 조사를 하면서 투자를 실행했다. 1,500만 원 단칸방에서 시작해 서른 채 이상의 아파트와 상가 등의 투자 물건을 임대 사업과 법인 투자 등으로 운용하게 되었다.

그 과정이 쉽지만은 않았다. 두 아이를 키우면서 육아와 직장과 재테크까지 병행하는 것이 버겁게 느껴지던 순간이 많았다. 어느 날은 너무 힘들어서 그냥 포기하고 싶기도 했다. 그때 내가 원칙으로 정했던 것이 있었다. 가난에서 벗어나서 부를 확장하기 위한 하루 30분 돈 공부 습관이었다. 회사에 일찍 출근한 오전 시간, 점심시간, 아이들이 놀이터에서 잘 놀고 있었던 시간 등 나는 틈새 시간을 모으기 시작했다. 단 30분이라도 반드시 돈 공부를 하겠다고 결심했다. 그 시간에는 재테크와 투자 관련 책을 읽기도 했고, 유튜브로 투자 관련 방송을 듣기도 했고, 온라인 부동산 강의를 듣기도 했다. 하루 30분 돈 공부 습관을 통해서 실력이 높아지기 시작했다. 투자 초반에는 월세가 안 나가서 걱정도 했고, 내가 고른 아파트가 다른 아파트보다 느리게 오르는 게 속상했던 적도 많았다. 투자에 대한 욕심은 많았지만, 투자금이 없어 한계에 부딪히기도 했다. 그러나 꾸준한 하루 30분 돈 공부 습관으로 투자 기술과 마인드까지 강화되자, 어느 순간 나는 스스로 생각하기에도 대견할 정도로 굳건한 의지를 갖게 되었고, 지역 분석, 지역 호재 파악, 저평가 물건 고르는 안목, 임대 노하우, 적은 비용으로 수리하는 방법 등 투자에 필요한 지식을 장착한 사람이 되어 있었다.

처음에는 거주하고 있는 서울에 위치한 아파트 한 채 투자하는 것만으로도 버거웠지만, 경기도나 지방에 있는 아파트에 투자하는 것도 온라인 정보 검색과 부동산과의 대화 등을 통해서 수월해졌다. 처음에는 부동산에 문을 열고 들어가는 것조차 두려웠지만 나중에는 경매나 공매 등 다양한 방법으로 매수하게 되었다. 무엇보다도 시간이 흐르면서 주거용 아파트에만 머물던 투자 종목이 비주거용인 상가와 오피스텔 등으로 확장되고 월세 흐름 시스템을 구축했다. 그리고 직장을 벗어나서 내가 하고 싶은 일을 하면서 돈을 버는 시스템을 구축하게 되었다.

이 모든 것은 하루 30분 돈 공부 습관에서 시작되었다. 부를 확장하기 위한 하루 30분 돈 공부 습관표를 만들고 목표를 적어보자. 만약 꾸준하게 지켰다면 일주일 후 자신에게 작은 선물을 안겨주자.

예시: 부를 확장하기 위한 하루 30분 돈 공부 습관표

	월	화	수	목	금	토	일
30분 돈 공부 목표	재테크 독서 30분	경제 신문 읽기	네이버 매물 검색하기	KB부동산 자료 읽기	교통망 호재 검색하기	부동산 방문하기	유튜브 재테크 영상 보기
달성 (보상 선물)							

이는 하루 30분 돈 공부 습관표 예시이며 본인이 원하는 지역이나 물건이 있다면 구체적으로 명칭도 적으면서 항목을 채워보자. 혹시라도 중간에 힘들더라도 포기하거나 바꾸지 말고 수일간 연속으로 하지 않는 날이 없도록 유지해 주고 나를 다독여준다면 꾸준한 돈 공부 습관은 지속될 것이다. 어느새, 당신도 모르는 사이에 당신은 투자의 귀재가 되어 있을 것이다. 당신의 부의 확장을 진심으로 응원한다.

부자의 공부법을 위한 책 100권 리스트

'아, 이제 어떻게 해야 하지. 도대체 어디서부터 잘못된 걸까?'

돌이켜보면 인생의 매 순간 나는 두 갈래의 길을 마주했다. 세상을 원망하고 부족한 나 자신을 원망하고 남에게 의존하려 하는 방식이 있었고, 반대로 나 자신을 돌아보고 나를 다시 용서하고 믿어주며 앞으로 나아가려는 방식이 있었다. 그중 나는 후자를 선택했다. 첫 번째 방식은 나를 무기력하게 만들었고 두 번째 방식은 끊임없이 새로운 기회의 문을 열어주었다.

두 갈래의 길에서 나는 혼자 우뚝 서 있는 듯했지만, 혼자가 아니었다. 그 이유는 내 곁에 늘 책이 있었기 때문이었다. 혼자였다면 잘못된 선택을 했겠지만, 책 덕분에 많은 멘토를 만날 수 있었다. 또한 인생에서 가장 힘들었던 순간, 책이 나에게 희망을 보여줬고 나를 이끌어줬다. 돈 공부를 시작하게 된 것도 책을 통해서였고, 내 집 마련도, 상가 투자도, 사업도 모두 책을 통해서 배우게 되었다.

당신의 미래를 결정하는 것은, 우연한 사건이 아니며, 두 갈래 길에서 당신이 하는 작은 선택들이다. 책 속에는 작가들의 수년 간에 걸친 노하우, 경험 그리고 인사이트가 담겨 있다. 내가 15년 전부터 읽고 영향을 받았던 책에는 오래전 출간되었거나 절판된 책들도 있기 때문에 최신 책들을 포함하여 다시 100권을 선별해보았다. 주관적인 관점으로 선별하였지만 이 책들 중 단 한 권이라도, 삶에서 두 갈래의 길을 마주했을 때 당신의 선택에 도움이 될 수 있다면, 나에게는 너무나 큰 영광이고 감사한 일이 될 것이다. 새로운 책과 소중한 인연을 맺을 수 있기를 바라며 100권 리스트를 권한다.

경제 투자 분야 공부를 위한 책

1. 레버리지(롭 무어 저, 다산북스)

2. 자본주의(정지은 고희정 저, 가나출판사)

3. 부의 추월차선(엠제이 드마코 저, 토트 출판사)

4. 위기의 역사(오건영 저, 페이지2북스)

5. 경제 읽어주는 남자의 15분 경제 특강(김광석 저, 더퀘스트)

6. 경제 기사 궁금증 300문 300답(곽해선 저, 혜다)

7. 넛지(리처드 탈러, 리더스북)

8. 나는 세계일주로 자본주의를 만났다(코너 우드먼 저, 갤리온)

9. 아들아, 돈 공부해야 한다(정선용 저, RHK)

10. 홍춘욱의 최소한의 경제 토픽(홍춘욱 저, 리더스북)

부동산 투자 공부를 위한 책

1. 월급쟁이 부자로 은퇴하라(너바나 저, RHK)

2. 서울 부동산 절대 원칙(김학렬 저, 길벗)

3. 레버리지 서클(강호동 저, 북그로스)

4. 부동산 계약 이렇게 쉬웠어?(송희창 저, 지혜로)

5. 주택청약의 모든 것(한국부동산원 저, 한빛비즈)

6. 부의 삼각형(그릿 권은진 저, 북스고)

7. 나는 돈이 없어도 경매를 한다(이현정 저, 거인의 정원)

8. 잭파시의 부동산 톱다운 투자법(잭파시 저, 다산북스)

9. 빌사남이 알려주는 꼬마빌딩 실전 투자 가이드(빌사남 저, 천그루숲)

10. 나는 집 대신 땅에 투자한다(김종율, 임은정 저, 한국경제신문사)

경영 분야 공부를 위한 책

1. 사업의 철학(마이클 거버 저, 라이팅하우스)

2. 원칙(레이 달리오 저, 한빛비즈)

3. 퍼스널 MBA(조시 카우프만 저, 진성북스)

4. 왜 일하는가(이나모리 가즈오, 다산북스)

5. 나는 주말마다 10억 버는 비즈니스를 한다(노아 케이건 저, 비즈니스 북스)

6. 좋은 기업을 넘어 위대한 기업으로(짐 콜린스 저, 김영사)

7. 천 원을 경영하라(박정부 저, 쌤앤파커스)

8. 리더의 질문법(에드거 샤인, 피터 샤인 저, 심심)

9. 사업을 한다는 것(레이크록 저, 센시오)

10. 사장학개론(김승호 저, 스노우폭스북스)

재테크 분야 공부를 위한 책

1. 돈의 심리학(모건 하우절 저, 인플루엔셜)

2. 보도 섀퍼의 돈(보도 섀퍼 저, 이병서 역, 에포케)

3. 세이노의 가르침(세이노 저, 데이원)

4. 부자의 그릇(이즈미 마사토 저, 다산북스)

5. 어떻게 살 것인가(이광수 저, 이든하우스)

6. 딸아, 돈 공부 절대 미루지 마라(박소연 저, 메이븐)

7. 엑시트(송희창 저, 지혜로)

8. 갓 결혼한 여자의 재테크(구채희 저, 매일경제신문사)

9. 파이프라인 우화(버크 헤지스 저, 라인)

10. 아기곰의 재테크 불변의 법칙(아기곰 저, 아라크네)

부의 마인드 공부를 위한 책

1. 돈의 법칙(토니 로빈스 저, 알에이치코리아)

2. 만나라 그러면 부자가 되리라(조 비테일 빌 히블러 저, 나비의 활주로)

3. 부자 아빠 가난한 아빠(로버트 기요사키 저, 민음인)

4. 열네 살 경제 영재를 만든 엄마표 돈 공부의 기적(이은주·권준 저, 위즈덤하우스)

5. 역행자(자청 저, 웅진지식하우스)

6. 더 플러스(조성희 저, 유영)

7. 위대한 공식(마크 조이너 저, 나비의 활주로)

8. 돈의 신에게 배우는 머니 시크릿(김새해 저, 비즈니스북스)

9. 1퍼센트 부자의 법칙(사이토 히토리 저, 나비스쿨)

10. 완벽한 자유와 부를 만드는 인생 투자(브라운스톤 저, 오픈마인드)

마케팅 비즈니스 공부를 위한 책

1. 온라인 마케팅 전쟁, 최전선의 변화(이상규 저, 나비의 활주로)

2. 바로 매출이 오르는 스마트 스토어(전준혁 저, 나비의 활주로)

3. 끌리는 사람은 매출이 다르다(김주하 저, 나비의 활주로)

4. 이 책은 돈 버는 법에 관한 이야기(고명환 저, 라곰)

5. 마케팅 설계자(러셀 브런슨 저, 윌북)

6. 스틱!(칩 히스, 웅진지식하우스)

7. 무기가 되는 스토리(도널드 밀러 저, 윌북)

8. 뇌, 욕망의 비밀을 풀다(한스 기오르크 호이젤 저, 비즈니스북스)

9. 무조건 팔리는 심리 마케팅 기술 100(사카이 도시오 저, 동양북스)

10. 1페이지 마케팅 플랜(앨런 딥, 알파미디어)

사업 돈 분야 공부를 위한 책

1. 나는 나의 스무 살을 가장 존중한다(이하영 저, 토네이도)

2. 흔들의자에서 일하지 마라(박인주 저, 페이퍼로드)

3. 트렌드 코리아 2024(김난도 저, 미래의 창)

4. 퓨처 셀프(밴저민 하디 저, 상상스퀘어)

5. 인생을 바꾸는 100세 달력(이제경 저, 일상과 이상)

6. 부의 인사이트(함서경 저, 생각지도)

7. 젊은 부자들은 어떻게 SNS로 하루에 2천을 벌까(안혜빈 저, 나비의 활주로)

8. 100억을 만드는 스몰머니 투자법(유근용 저, 쌤앤파커스)

9. 사이토 히토리의 1퍼센트 부자의 법칙(사이토 히토리 저, 나비스쿨)

10. 더 마인드(하와이 대저택 저, 웅진지식하우스)

사업 마인드 공부를 위한 책

1. 라이프스타일을 팔다(마스다 무네아키 저, 베가북스)

2. 짝수 해에 창업하고 홀수 해에 여행한다(김범 저, 티핑포인트)

3. 이케아, 불편을 팔다(뤼디거 융블루트 저, 알에이치코리아)

4. 피터 드러커 매니지먼트(피터드러커, 청림출판)

5. 살아남은 것들의 비밀(이랑주 저, 샘터)

6. 장사의 신(우노 다카시 저, 쌤앤파커스)

7. 파는 것이 인간이다(다니엘 핑크 저, 청림출판)

8. 웰씽킹(캘리 최, 다산북스)

9. 나는 4시간만 일한다(팀 패리스 저, 다른상상)

10. 프리리치(심길후, 나비의 활주로)

성장 공부를 위한 책

1. 미라클 모닝(할 엘로드 저, 한빛비즈)

2. 꽃은 누구에게나 핀다(오은환 저, 북로망스)

3. 리부트(김미경 저, 웅진지식하우스)

4. 그대 스스로를 고용하라(구본형 저, 김영사)

5. 럭키(김도윤 저, 북로망스)

6. 백만장자 메신저(브렌든 버처드 저, 리더스북)

7. 마음설계자(라이언 부시, 웅진지식하우스)

8. 마인드셋(캐롤 드웩 저, 스몰빅라이프)

9. 시작의 기술(개리 비숍 저, 웅진지식하우스)

10. 원씽(게리 켈러, 비즈니스북스)

재테크 투자 공부를 위한 책

1. 영향력을 돈으로 만드는 기술(박제인 저, 천그루숲)

2. 인스타마켓으로 돈많은 언니가 되었다(염미솔 저, 혜지원)

3. 백종원의 장사 이야기(백종원 저, 알에이치코리아)

4. 마흔의 돈 공부(이의상 저, 다산북스)

5. 나는 건물주로 살기로 했다(김진영 저, 더난출판사)

6. 세븐(전인구 저, 차이정원)

7. 살집팔집(고종완 저, 다산북스)

8. 에웨이크(박세니 저, 마인드셋)

9. 김경필의 오늘은 짠테크 내일은 플렉스(김경필 저, 김영사)

10. 슈퍼노멀(주언규 저, 웅진지식하우스)

PART 2

1,000만 원으로 시작하는 신혼부부 재테크

윤소영

결혼 6년 차, 간호사 경력 9년 (병원, 보건소 등)
초기 자금 1,000만 원으로 내 집 마련, 억대 시세 차익
주거용과 수익형 부동산 보유

결혼하면 돈 걱정 없이
살 줄 알았다

2017년 10월. 유난히 날이 푸르고 맑았던 날, 우리 부부는 많은 사람들의 축하 속에서 결혼식을 올렸다. 신혼여행에서의 하루하루는 꿈만 같았다. 결혼식을 무탈하게 끝냈다는 안도감과, 신경 쓸 게 많았던 결혼 준비에서 해방되었다는 해방감에 신혼여행은 행복했다. 신혼여행지의 드넓고 푸르른 바다를 바라보며 이야기를 나누었다.

"여보, 우리도 이제 저 바다처럼 꽃길만 걷게 될 거야. 올해 첫아이 갖고 예쁜 아기들이랑 행복하게 알콩달콩 살아가자."

"그래, 살림살이가 현재는 넉넉하지 않더라도, 둘이 열심히 벌면 우리도 여느 평범한 부부들처럼 내 집 마련도 하고, 아기도 낳고 행복하게 살 수 있을 거야."

앞으로 펼쳐질 일들은 생각지도 못한 채 푸르른 바다를 바라보며 달콤

부자의 공부법

한 생각에 젖어 있었다.

결혼과 동시에 시작된 돈 걱정

우리 부부는 양쪽 집안의 도움을 받지 못한 채 결혼생활을 시작했다. 남편은 직장생활을 시작한 지 얼마 되지 않아 모아둔 돈이 거의 없었고, 내가 모아둔 약 3천만 원으로 결혼생활을 시작했다. 결혼비용을 최소화하기 위해서 각자 자취했을 때 쓰던 가전제품들로 신혼 혼수품을 채웠다. 남편은 당근마켓(중고거래물품 플랫폼)에서 구매했던 5만 원짜리 TV를 들고 왔고, 나는 자취했을 때 쓰던 조그마한 2인용 밥솥을 품에 안고 신혼집으로 들어왔다. 자취할 때 쓰던 그릇과 짝이 맞지 않는 수저들을 정리하면서 내심 알뜰한 우리 부부가 기특하기도 뿌듯하기도 했다. 하지만 그렇게 아낀다고 아꼈는데도 신혼여행 후 집에 돌아오니 남아 있는 돈이 거의 없었다.

게다가 나는 서울에서 직장생활을 하다 퇴사를 하고 남편을 따라 지방으로 이사를 오게 되면서 무직인 상태였다. 남편은 사회 초년생이어서 월급이 170만 원 미만이었다. 그 돈으로 신혼 전셋집 대출 이자와 2인 생활비, 각종 공과금을 처리하고 나면 매달 생활비가 마이너스였다.

늘 마이너스인 통장을 보면 머리가 지끈거렸다.

'여기서 아이까지 임신하면 어떻게 되는 거지? 아이 임신하면 당장 재취업도 할 수 없을 테고, 임신 출산 준비 비용만 약 1천만 원이라면서? 그 큰돈을 어디서 구하지? 게다가 육아비용은 어떻게 감당하려고? 남편 외

벌이에 170만 원으로 우리 세 식구 입에 풀칠이라도 하면서 살 수 있겠어? 이건 너무 절망이야….'

계산기를 아무리 두드려봐도 외벌이로는 턱없이 생활하기 힘들었고, 현실상 맞벌이를 필수적으로 해야 하는 상황이었다. 아이의 탄생은 축복이겠지만 늘 부족한 생활비를 걱정하면서 아이를 키우기엔 나도, 아이도 행복할 것 같지 않았다. 조금 더 안정적인 가정 수입이 마련된 뒤 아이를 갖기 위해서 우리 부부는 첫아이 임신을 몇 년 미루기로 결정했다.

신혼여행지에서 바다를 바라보며 꿈꾸던 우리 부부의 달콤한 꿈은 현실의 벽에 가로막혀 점점 더 멀어져만 갔다.

불행의 시작

당시 나는 가난한 환경 탓, 남 탓을 하며 불평불만만 머릿속에 가득했다.

'나는 왜 이렇게 살고 있지? 내가 꿈꾸던 삶이 아닌데. 주위환경이 이렇게 만든 거야.'

스스로의 삶을 개선하고자 하는 어떠한 노력도 하지 않은 채 가만히 앉아서 끊임없이 불평불만만 쏟아내며 시간을 보냈다.

남편과도 소통에도 문제가 있었다. '돈'에 대한 의사소통이 잘되지 않았다. 남편과 매달 마이너스 되는 생활비에 대해 이야기를 나누면 은연중에 남편의 적은 월급을 탓하게 되고 종종 다투었다. 열심히 가장의 역할을 충실하게 해내고 있는 남편에게 상처 주는 말을 하게 되니, 돈에 대한 이야기를 자꾸만 피하게 되었다. 우리 부부에게 '돈'이란 긍정적인 단어가 아니라, 머리를 지끈거리게 하는 부정적인 단어가 된 것이다.

그런 상황에서 결혼 적령기인 주위 사람들이 하나둘 결혼하게 되면서 비교가 시작되었다. 결혼과 동시에 양가 부모님의 도움으로 집을 구매해서 시작하는 사람들을 부러워하게 되었고, 결혼하자마자 아기를 낳고 키우는 집들이 부러워졌다. 신경 쓰려고 하지 않아도 자꾸만 우리보다 잘나 보이는 사람들만 눈에 보였다. 모두가 부러움의 대상이었다.

비교할수록 스스로가 더 초라하게 느껴졌다. 악의 소용돌이로 빠져드는 감정에서 쉽게 빠져나오지 못했고, 점점 불행해져만 갔다.

또한 재테크는 나와는 먼 이야기로 여겼다.

'재테크는 돈이 어느 정도 있는 사람한테나 해당되는 거 아니야? 나처럼 여유 자금이 0원인 사람이 무슨 재테크야? 재테크도 배부른 사람들이나 할 수 있는 거겠지…'

시중에 나와 있는 무수한 재테크 관련 책, 강의, 정보들은 나와는 아주 먼 이야기일 뿐이라고 생각했다. 재테크는 꿈도 꿀 수 없었다.

재테크의 가장 기본 단계인 가계부 쓰기조차도 여러 번 포기했다. 한 번도 가계부 작성을 해 본 적이 없었던 터라, 가계부를 통해 소비습관을 파악하고 예산을 세우는 방법을 몰랐다. 그저 지출 내역만 쭉 적다 보니 늘 마이너스 가계부 적는 게 아무 의미가 없었다. '어떻게든 되겠지.'라는 마음에 가정 경제에 손을 놓았다.

'돈'에 대한 걱정거리는 머릿속에 가득한데, '돈'에 대해서 공부하고 돈을 마주하는 게 두려워 피하기만 했다. '돈'이 무서워서 피하다 보니, 점점 '돈'과 우리 부부의 삶이 멀어지고 있었다.

결혼과 동시에 마주했던 돈에 대한 현실은 나를 많이 위축시켰다. 앞으로 헤쳐나갈 삶의 무게로 인해 눈앞이 깜깜했다.

'지금까지 부모님 말씀 잘 듣고 성실하게 교육과정을 밟고 열심히 직장생활을 했는데… 30대가 된 지금 왜 남아 있는 게 아무것도 없는 것 같지? 내가 그동안 잘못된 방향으로 살아왔던 건 아닐까?'

단지 돈이 없을 뿐이었는데 그동안 성실히 살아온 지난 내 삶의 방향성까지 의심하게 되었다. 평범하게 결혼하고 아기를 낳고 알콩달콩 행복하게 사는 게 꿈이었다. 그 평범해 보이는 행복이 유독 우리 부부에게만 어려운 건지 우울하기만 한 나날들이었다.

그렇게 앉아서 세상 탓만 하며 시간을 보냈고, 우리 삶이 달라지는 건 아무것도 없었다.

신혼 3년, 부의 추월차선에 올라타기로 선언하다

수백 가지 선택의 결과가 지금의 당신이다

신혼 3년 차. 이때까지도 우리의 삶은 제자리였다. 일주일 중 5일은 직장에 나가고 주말 2일은 다음 월요일 출근을 위해 쉬는 생활을 이어나갔다. 직장에 올인 했는데도 좀처럼 돈은 모이지 않았고, 삶도 나아지지 않았다. 매주 월요일에 로또복권을 사서 일주일을 당첨의 희망으로 버텼다. 복권에 당첨만 되면 당장에 30평대 아파트로 이사 가서 아이 낳고 기르며 여유로운 생활을 할 수 있을 것만 같았다. 그날도 여느 날처럼 토요일 저녁 9시 이후 여러 장의 로또복권을 QR코드로 찍어 당첨 번호를 확인했다. 늘 그렇듯 세 자리도 맞지 않았다. 꾸깃꾸깃 구겨진 복권을 쓰레기통에 버리고 돌아서는 순간 거울에 비친 내 모습과 마주했다. 거울 속의 나는 구겨져 버린 로또복권 같았다. 맞지 않는 복권 숫자들처럼 하나도 마음에 들지 않는 모습이었다.

'언제까지 앉아서 복권에 당첨되기만 바라고 있을 거야?'

아무것도 하지 않으면서 복권에 당첨되기만을 기다리고 있는 나 자신
이 너무 한심해 보였다. 외부 요인에 내 인생을 걸고 있었다. 더 이상은
이렇게 살고 싶지 않았다.

"당신의 인생은 당신이 의식적으로나 무의식적으로 선택한
결과다. 선택의 과정을 통제할 수 있다면 인생의 모든 면을
통제할 수 있다. 그리고 스스로를 책임지는 데서 오는 자유
를 만끽할 수 있다."

- 로버트 베넷

처음 이 글을 읽었을 때 소름 끼치게 싫었다.

'현재의 내 모습이 내가 선택한 결과라니? 말도 안 돼. 내가 원하던 삶
은 이게 아닌걸?'

아무것도 하지 않으면서 불평불만만 하고 있는 내 모습, 나아지지 않는
살림살이가 내가 선택한 결과라니, 받아들이기 힘들었다. 여러 번을 읽고
또 읽고 나서야, 말뜻을 제대로 이해할 수 있었다.

'현재의 모습이 내가 선택한 결과라면, 미래의 모습 또한 내가 선택하
면 바뀔 수 있다는 말이구나. 앞으로는 외부 요인에 내 인생을 맡기지 말
고, 내 인생을 스스로 변화시켜보자!'

부자의 공부법

앉아서 세상 탓, 남 탓, 환경 탓만 하고 있을 때는 아무것도 달라지지 않았다. 앉아서 복권이 당첨되기를 마냥 기다리고 있을 때도 달라지지 않았다. 스스로 변하겠다고 마음먹고 용기 내는 순간부터, 삶이 변화되기 시작하였다.

열심히만 한다고 부자가 될 수 있을까?

엠제이 드마코가 지은 『부의 추월차선』은 가장 빠르게 부자가 되는 새로운 공식을 제시해 큰 반향을 불러일으킨 책이다. 이 책은 죽도록 일하며 수십 년간 아끼고 모아서 휠체어에 탈 때쯤 부자가 되는 40년짜리 플랜을 비웃으며 한 살이라도 젊을 때 부자가 되어 은퇴하는 방법을 구체적으로 제시하고 있다. 미국 아마존 금융, 사업 분야 1위를 기록했고, 국내 독자들에게도 큰 사랑을 받아온 이 책에는 다음과 같은 우화가 나온다.

이집트의 왕 파라오는 어느 날 자신의 두 명의 조카 추마와 아주르를 불러 국가를 위해 기념비적 피라미드를 세우라고 지시한다. 다만, 혼자서 완공하여야 되는 조건이었다. 피라미드를 완성한 사람에게는 즉시 왕위와 재물을 내리겠다고 파라오는 약속했다. 이 말을 들은 성실한 아주르는 곧바로 일을 시작한다. 시간이 얼마 지나지 않아 아주르의 피라미드는 제법 토대를 갖추기 시작했다. 반면 추마는 1년이 지나도록 기초작업을 하지 않고 헛간에서 무언가를 계속 만들 뿐이다.

시간이 지나 아주르는 두 번째 층을 쌓기 시작한다. 그런데 돌이 너무 무거워 체력적 한계를 느끼게 된다. 아주르는 높은 층에 돌을 옮기려면 많은 힘이 필요하다고 판단했고, 체력을 기르는 데 대부분의 시간과 자금을 투자했다.

그러던 어느 날 아주르가 열심히 일을 하던 와중에 쿵 하는 큰 소리가 났다. 추마가 거대한 기계를 천천히 밀고 와 추마의 조작 외에는 어떠한 노력도 없이 돌을 쌓고 있었다. 이 기계로 아주르가 3년 동안 한 고된 작업을 따라잡고 8년 만에 피라미드를 완성할 수 있었다. 추마는 시스템을 만드는 데 3년, 피라미드를 짓는 데 5년이 걸렸다. 파라오는 기뻐하며 약속대로 추마에게 왕위와 재물을 주었다. 반면에 아주르는 기존의 방식을 벗어나지 못한 채 계속해서 작업에 매달리다, 13번째 층을 세우던 중 심장마비로 죽게 된다. 두 층만 더 쌓으면 완성이었다.

부의 서행차선에 있는 사람들은 자신이 직접 돌을 들어 올린다면, 부의 추월차선에 있는 사람들은 자기 대신 돌을 올릴 시스템을 구축합니다.

이 우화를 읽으면서 우리는 자신이 직접 돌을 들어 올리는 '아주르'의 모습인지, 자기 대신 돌을 올리는 시스템을 구축하는 '추마'의 모습인지 돌아보아야 한다. 아주르는 사고방식을 변화시키지 않고 기존의 방식을 고수하다가 심장마비로 죽게 되었다.

나 또한 아주르와 같은 사고방식에 갇혀 있었다. 직장에서 열심히 일을 하는 게 당연하다고 생각했고, 수입은 노동 수입이 전부이며, 수입을 더 늘리기 위해서는 내가 더 많은 일들을 해야 한다고 생각했다.

아주르처럼 계획도, 준비도 없이 무턱대고 열심히만 살아간다고 해서 부를 얻을 수는 없다. 부의 추월차선을 달성하려면 평범한 사고에서 벗어나 창조적이고 혁신적인 사고가 필요하다. 추마처럼 부자가 되는 시스템을 만드는 방법에 대해 공부하고 연구하고 실행하여야 한다. 그래야만 하루라도 빨리 부를 쌓아 남은 인생을 원하는 삶으로 만들어 나갈 수 있다.

우리 모두 서행차선에서 부의 추월차선으로 가도록 노력해야 함을 잊지 말아야 한다.

부는 자유요, 행복이다

스스로 변화하고, 부의 추월차선에 올라타기로 마음먹은 순간 다이어리를 꺼내 한편에 크게 적었다.

2021년 ×월 ×일
첫째, 돈에 관한 낡은 신념을 버리자.
둘째, 현재의 내 모습은 내가 선택한 결과임을 인정하자.
셋째, 부의 추월차선에 올라타기를 선언하자.

부자가 된다고 해서 행복이 필수적으로 따라오는 것은 아니겠지만, 부자가 되면 행복해질 수 있는 여러 요건들을 선택할 폭이 넓어진다. 나는 나와 남편, 태어날 아이들을 위해 변화하기로 했다. 부를 통해 자유를 얻고, 행복해지기로 마음먹었다.

부자의 공부법

신혼부부 재테크 1단계 - 부부 금융 문맹 탈피하기

20대에 취업 후 본격적인 경제 활동을 하였지만, 결혼할 당시 모아둔 돈은 거의 없었다. 밤낮이 일정하지 않은 병원 3교대 생활에 지쳤던 나는 버는 족족 택시를 타고, 보상심리로 쇼핑을 즐겼다. 돈을 벌긴 했지만, 그 돈을 어떻게 모으고 소비해야 하는지 돈 관리에 대한 개념이 전혀 없었다. 돈 공부에 대한 필요성도 느끼지 못했고 재테크라는 단어는 나와는 너무 먼 이야기라 여겼다. 나에게 돈에 대해 조언해 주는 어른도 없었고, 제대로 된 경제 교육도 한 번도 받아 본 적 없이 어른이 되었다. 오히려 "돈 너무 밝히지 마라." "돈 없이도 행복하다."라는 말을 들으면서 자랐다. 돈을 좋아하는 티를 내면 속물처럼 보일 것 같았다.

남편도 마찬가지로, 결혼할 당시 사회 초년생이었다. 오랜 취업 준비생 생활로 제대로 경제 활동을 해 보지 못한 채, 우리는 결혼을 했다.

결혼을 마음먹은 이후부터 본격적인 '돈 걱정'이 시작되었다. 결혼 준비 비용은 모두 돈으로 시작해서 돈으로 끝이 난다. 식장 예약 비용, 스튜디오 웨딩 촬영 비용, 신혼여행 비용, 결혼사진을 끼울 작은 나무 액자까지 사소한 것 하나하나 모두 '돈'이었다. 결혼 전에도 돈으로 세상이 돌아갔지만, 당시에는 지출하는 돈의 크기가 작아서 돈의 중요성을 크게 느끼지 못했다. 결혼을 결심한 순간부터 돈이라는 무게가 우리 부부의 어깨를 짓누르기 시작했다.

지출에 가장 큰 부분을 차지한 건 주거비용 마련이다. 1인 가구일 때는 내 몸 하나 누일 월세 40만 원 5평짜리 원룸 하나 유지 비용만 있으면 충분했다. 하지만 신혼집은 SNS에서 보이는 깔끔하고 단정한 방 2칸짜리 아파트에서 포근하고 아늑하게 시작하고 싶다는 꿈이 있었다. 신혼집을 마련하는 과정에서 이런 우리 부부의 꿈은 깨져버렸다. 우리가 가진 돈으로는 깔끔하고 단정한 신축 아파트 전세도 마련할 수 없다는 사실을 알게 되었다. 단호하고 냉정한 어투로 현실적으로 불가능하다는 부동산 사장님의 이야기를 듣고 길에서 펑펑 울었던 기억이 아직도 생생하다.

"돈 없이도 행복하고, 돈이 전부가 아니다."라는 이야기를 듣고 자란 우리 부부는, 그때 처절하게 깨달았다. 이 말은 잘못된 말이라고. 대한민국은 자본주의 사회이며, 자본주의 사회에서는 '돈'이 가장 중요한 도구라는 사실을 몸으로 머리로 깨달았던 순간이었다. 그리고 다짐했다. 앞으로 우리 가족의 행복한 미래를 위해서 한 번도 해 본 적 없는 '돈 공부'를 시작하겠다고 마음먹었다.

부부 금융 문맹을 탈피하기 위해서는 첫째로 돈에 대해 관심을 갖고, 돈 공부의 필요성을 인식하는 게 가장 중요한 출발선이다.

국제신용평가회사 스탠더드앤드푸어스**S&P**가 2018년 발표한 '세계 금융이해력 조사'에서 한국은 142개국 중 77위를 차지했다. 금융 문맹률이 67%에 달했다. 지난해 한국개발연구원**KDI**이 실시한 전 국민 경제이해력 평균 점수는 56점이었다("천자칼럼 경제 문맹" 한국경제(hankyung.com) 기사 인용).

금융 문맹이란 말은 쉽게 말해 '금융에 대한 지식 부족'을 뜻한다. 금융에 대한 이해도가 높은 사람과 그렇지 못한 사람의 삶은 극명하게 차이가 난다. 돈을 어떻게 벌고, 소비하고, 투자할 것인지 효과적이고 합리적으로 결정할 수 있는 지식을 지닌 사람이 금융에 대한 이해도가 높은, 즉 금융 문맹을 탈출한 사람이다. (『존리의 금융문맹 탈출』 13p 인용)

『존리의 부자되기 습관』의 저자 존리는 '금융 문맹은 질병이자 악성 전염병'이라고 말하고, 미국 연방준비제도 이사회 의장을 역임한 앨런 그린스펀은 "문맹은 생활을 불편하게 하지만 금융 문맹은 생존을 불가능하게 만들기 때문에 문맹보다 더 무섭다"라고 말했다. 코로나 이후 금융 이해도에 따라 빈부격차가 더 악화될 것이라는 말은 등골을 서늘하게 만든다.

이렇듯, 앞으로 우리가 겪어나갈 세상은 금융 이해도가 낮으면 생존을 위협받는다. '돈'은 곧 '생존'이고, '금융 이해력에 대한 공부'는 교양 과목이 아니라, 생존을 위한 필수 과목이라는 사실을 이제는 깨달아야 한다. 결혼 전에는 나 하나만 책임지면 되었지만, 결혼 이후에는 사랑하는 아내와 남편, 점점 노쇠해지시는 양가 부모님들, 작고 소중히 태어날 우리의 아이들까지 책임져야 할 식구들이 많아진다. 사랑하는 사람들을 지켜내고 꿈꾸던 행복한 가정을 만들어 나가기 위해서 오늘부터 부부가 함께 '금융 공부'의 필요성을 인지하고 '금융 문맹 탈피' 하겠노라 결심하기 바란다. 결심하는 순간 어떠한 비바람이 몰아치더라도 흔들리지 않을 만큼 단단하고 견고해진다.

금융 문맹 탈피를 목표로 마음먹었다면, 그다음으로 가장 확실한 방법은 자본주의의 흐름을 이해하고 자산을 쌓은 진짜 부자들을 만나서 가르침을 받는 것이다.

물고기 잡는 법을 배우려면 물고기를 잡아본 사람에게 배워야 한다는 말이 있다. 물고기를 잡아 본 적도 없고, 낚싯대에 미끼를 한 번도 꿰어 본 적 없는 사람들끼리 아무리 머리를 맞대고 이야기해봤자, 물고기를 잡을 수 없다. 물고기를 잘 잡기 위한 가장 빠른 방법은 기술과 경험이 풍부한 낚시꾼에게 낚시 잘하는 팁을 배우는 것이다. 물고기의 크기와 종류에 대해 배우고, 물고기가 선호하는 미끼를 선택하는 방법, 물고기의 생태와 행동을 분석해 적절한 위치를 선택하는 법을 배워야, 물고기를 성공적으로 손에 얻을 수가 있다.

주위에 만날 수 있는 부자가 단 한 명도 없다고? 걱정하지 마라. 스스로 부자를 만나서 배우겠다는 의지만 있으면 된다. 부자들이 쓴 책을 읽거나, 부자들이 강의하는 채널을 통해 배우거나, 유튜브나 경제 관련 TV 프로그램을 이용하면 부자를 만날 수 있는 기회는 우리 일상에 넘쳐난다.

한 번도 경제, 금융 공부를 해 본 적 없고, 이제 막 돈에 관심을 갖게 된 신혼부부라면, 2가지만 먼저 실천해 보길 권한다. 첫째, 로버트 기요사키의 책『부자 아빠, 가난한 아빠』읽기, 둘째, EBS 자본주의 프로그램 TV 시청하기이다. 대신, 두 매체의 텀이 너무 길지 않아야 한다. 돈에 관한 낡은 고정관념을 깨기에 더욱 효과적이다. 이번 달 금융 문맹 탈피하기 1단계 목표로 경제책 1권 읽기와 경제 관련 TV 프로그램 1개 시청하기를 잡아보자. 이 정도는 해 볼 만하다는 자신감이 들 것이다.

"돈의 비밀은 돈을 벌기 위해 일하는 것이 아니라, 자신의 돈을 일하게 하는 것이다."라는 가르침이 담겨 있는『부자 아빠, 가난한 아빠』는 저자가 유년 시절 겪은 두 아버지를 통해 가난한 사람과 부자의 사고방식을 비교한다. 경제 기초상식, 자산과 부채의 개념과 성공적인 투자를 위한 금융 IQ를 기르는 비법 등을 누구나 이해할 수 있도록 쉽고 명쾌하게 전한다.

2012년 방영된 EBS 자본주의 프로그램은 "자본주의란 무엇인가?"를 주제로 한 교육 프로그램이다. 왜 열심히 일을 해도 빚에 허덕이고 삶이 풍요로워지지 않는지에 대한 의문을 이해할 수 있다. 자본주의의 개념과 역사, 자본주의와 노동, 자본주의의 자유시장 경제, 자본주의 한계와 대안에 대해 다룬다.

이 두 매체를 통해 돈에 대한 무지를 깨닫게 되고 금융에 대한 관심도를 충분히 높일 수 있다. 그 후에는 누가 옆에서 강요하지 않더라도 금융 문맹을 탈피하기 위한 정보를 자발적으로 찾고 적극적으로 돈에 대해 공부하고 행동할 것이라고 확신한다.

신혼일 때 하루라도 빨리 부부가 함께 돈에 대한 무지를 깨닫고 행복한 가정을 책임질 돈에 대해 공부하며 더 나은 삶으로 나아가기를 진심으로 바란다.

〈정부에서 운영하는 대표적인 금융 교육 플랫폼(챗GPT 활용)〉

1) 금융감독원의 '금융감독원 금융교육포털': https://www.fss.or.kr/edu

금융감독원에서 운영하는 금융교육 플랫폼으로, 다양한 금융상품과 관련된 이론적인 지식과 최신 동향에 대한 정보를 제공하고 있다.

2) 금융위원회의 '금융소비자지식포털': https://fine.fss.or.kr

금융위원회에서 운영하는 금융 교육 플랫폼으로, 소비자들이 금융 상식을 습득하고 재정 건강을 유지하는 데 필요한 정보를 제공한다.

3) 서민금융진흥원 '금융교육포털': https://edu.kinfa.or.kr

개인 금융 상식, 주거 금융, 신용카드, 대출, 보험, 연금, 세금 등 다양한 주제에 대한 금융 콘텐츠를 온라인 강의, 동영상 강의, 웹진, e북, 모바일 애플리케이션 등 다양한 형태로 제공한다.

4) 한국은행의 '금융교육포털': https://www.bok.or.kr

한국은행에서 운영하는 금융 교육 플랫폼으로, 경제 및 금융시장에 대한 이해를 높이기 위한 교육 콘텐츠를 제공하고 있다.

신혼부부 재테크 2단계 -
신혼 돈 관리, 마인드 비법

"결혼은 사랑의 서약이기 이전에 '경제적 계약이다.'"『아들아, 돈공부해야 한다』라는 책에 이 구절이 나온다. 달콤한 신혼을 즐기고 있을 신혼부부들에게 잔인하게 들릴지 모르겠지만, 결혼 이후 인생의 90% 이상은 경제적 문제가 얽혀 있다. (『아들아, 돈공부 해야 한다』 223p 인용)

그렇다면 신혼에 실질적인 돈 관리 노하우와 단단한 마인드를 갖기 위해서는 어떻게 해야 할까?

혼자서 돈을 벌어서 쓸 때는 고민이 없었다. 비싸더라도 내가 갖고 싶은 물건을 마음껏 사고, 즉각적인 만족감을 주는 소확행(소소하지만 확실한 행복)을 눈치 볼 필요 없이 소비했다. 결혼 이후 가정 경제의 공동 책임자가 되면 돈 관리를 어디서부터 시작해야 하는지, 부부가 함께해야 하는지, 각자 관리해야 하는지 등 돈과 관련해 처음 겪는 고민들로 혼란스럽다.

내 주위에는 새내기 신혼부부들이 많다. 신혼부부들을 만나면 결혼 전과 달리 대화의 주제가 '돈'이 되었다.

- 결혼 1년 차 신혼부부 연수: "나는 아직도 우리 남편이 정확하게 얼마나 수입이 되는지 모르겠어. 연애할 때는 데이트 비용을 반반, 결혼 준비 비용도 정확히 반반 내서 특별히 돈에 대해 어려움이 없었어. 굳이 불편한 돈 이야기를 이제 와서 서로 꺼낼 필요가 있을까?"

- 결혼 2년 차 신혼부부 소혜: "결혼하고 나니깐 돈 씀씀이가 더 커진 것 같아. 신혼 1~3년일 때가 종잣돈 모으기 가장 중요한 시기라던데 며칠 전에 보니깐 우리 통장에는 500만 원도 없더라고. 둘 다 퇴근하고 집에 오면 밥할 힘도 없고 매일 배달음식으로 끼니를 때워. 주말에는 호캉스(hotel과 vacance를 합친 말로, 호텔에서 휴가 보내는 것을 말함) 정도는 가줘야 될 것 같고, 이번에는 코로나 끝난 기념으로 해외여행 가려고 계획 중이야. 우리 부부는 언제 종잣돈을 모으지?"

- 결혼 3년 차 신혼부부 윤정: "우리는 맞벌이하면서 공동 생활비만 함께 내고 나머지 월급은 각자 관리했었어. 요즘 들어 이게 맞는 건지 싶어. 이제 곧 출산이라 육아로 직장을 그만두기로 했는데… 앞으로는 남편 월급으로만 생활해야 하는 게 눈치 보이고 불편해. 지금부터라도 통장을 합쳐서 돈 관리하는 게 맞을까?"

부부가 서로 돈에 대해 이야기하기 어려워하는 연수, 결혼 이후에도 지나친 소비습관으로 종잣돈을 모으지 못하는 소혜, 통장을 합쳐야 될지 말지 고민하는 윤정의 이야기는 이 글을 읽고 있는 신혼부부도 공통으로 겪는 고민과 문제들일 것이다.

이런 현실적인 어려움을 극복하기 위한 신혼의 돈 관리를 3단계로 나누어 이야기해 보겠다.

1단계: 부부가 서로 돈에 대한 마음 오픈하기

우리 문화에서 돈을 사랑하는 것이야말로 모든 악의 근원이라고 가르치기 때문에 돈에 대해 이야기하는걸 어려워한다. (『부자 아빠, 가난한 아빠』 330p 인용) 부부가 서로 솔직하게 돈 이야기를 꺼내기가 껄끄럽고 불편하다. 돈 이야기를 하다 보면 괜히 부부싸움을 할 것 같아 피하고만 싶고, 머리만 아파온다. 그렇다고 언제까지 피할 수만도 없다. 부부는 결혼과 동시에 가정 경제를 공동으로 책임져야 할 경제 공동체다. 서로의 수입과 지출, 통장을 투명하게 오픈하고, 빚이 있다면 솔직하게 이야기하자. 부부가 솔직하게 오픈한 돈을 토대로 가정 경제의 다음 플랜을 짤 수 있다.

돈에 대해 솔직하게 이야기를 나누는 부부야말로, 가정에 책임감을 가지는 멋지고 아름다운 부부다. 오늘부터 용기 내서 우리 집 가정 경제를 책임질 '돈'에 대해 부부가 함께 이야기해보자. 용기 있는 부부들에게 박수 쳐주고 싶다.

2단계: 1인 가구였을 때의 소비 습관 개선하기

현재 20~30대인 MZ세대들의 소비습관을 살펴보면, 자신의 소비를 SNS에 공유하고 자랑하는 것을 즐기는 경우가 많다. 자신을 과시하는 플렉스**Flex** 문화로 명품 가방, 명품 옷에 대한 소비량이 증가했고, 카푸어(자동차에 능력 이상으로 과소비하는 사람), 한 끼 식사에 수십만 원에 달하는 오마카세 등도 유행하고 있다. 문제는 결혼 적령기인 20~30대들이 자신을 과시하고, 자신의 상황을 고려하지 않은 소비습관을 결혼 이후에도 계속 유지한다면 단숨에 벼락거지로 나앉게 될게 불 보듯 뻔하다.

우리 부부도 처음에는 이런 소비습관을 버리기 힘들었다. 비싼 맛집을 찾아다니고, 1박에 20만 원 이상 하는 호캉스를 즐기며 자랑하듯 SNS에 공유했다. 행복감은 순간이었지만, 통장이 말 그대로 텅장이 되어버려 우울감이 더 길게 몰려왔다. 내적 만족감보다는 외적 만족감을 찾던 결과다.

내적 만족감을 충족하기 위한 노력을 해 보자. 내 집을 호텔처럼 깔끔하게 정리 정돈하는 뿌듯함을 느껴보고, 마트에서 직접 고른 싱싱한 식재료로 부부 맞춤 요리를 만들어 먹는 즐거움을 느껴보자. 조금씩 소비습관을 바꾸는 노력을 하다 보면 어느 날 통장을 열었을 때 쌓여있는 잔고로 행복의 미소를 짓게 될 것이다.

3단계: 부부가 함께 '통장 합치기' 행동 실천하기

결혼 이후, 가장 많이 고민하는 부분이 통장 관리이다. 통장을 합치거나, 각자 관리하는 것 모두 장단점이 있고 부부 가치관마다 다르겠지만 나는 통장 합치기를 권한다.

아무런 변수 없이 평생을 맞벌이로 수입이 발생한다는 전제하에, 통장을 각자 관리한다면 문제가 덜하겠지만 인생은 그리 호락호락하지 않다. 우리 부부의 경우에만 보더라도, 결혼 이후 폐암 진단을 받으신 친정아버지의 병간호로 나는 직장을 다니지 못하고 남편의 수입에만 의존했던 시기가 있었다. 갑작스러운 신체 문제로 남편이 하루아침에 퇴사하게 되어 나의 외벌이로만 생활했던 시기도 있었다. 당시 남편의 수입 혹은 나의 수입에만 의존하면서 위태로웠던 가정 경제를 극복할 수 있었던 것은 나와 배우자와의 '경제 공동체'라는 한마음이 있었기에 가능했다고 생각한다.

나와 배우자가 평생을 함께할 동반자임을 선포하며 결혼식이라는 의식을 치르는 것처럼, 나와 배우자가 가정 경제의 공동 책임자임을 선포하는 의식이 통장 합치기이다.

신혼부부가 통장을 합치면 하나의 통장으로 수입과 지출을 확인할 수 있어 중복된 지출을 줄일 수 있다. 가정 경제를 더 효율적으로 관리할 수 있고, 부부의 경제 목표를 구체적으로 세우기 용이하다. 또한 부부의 돈이 하나로 합쳐져 있기 때문에 자연스레 우리 집 가정 경제에 관심이 갈 수밖에 없다. 어렵게만 느껴지던 돈과 관련된 부부간의 대화가 물 흐르듯 자연스레 이어질 것이다.

지금까지 신혼의 돈 관리에 대해서 총 3단계로 알아보았다. 돈에 관한 대화를 꺼리는 문화에서 나고 자란 젊은 신혼부부들은 결혼과 동시에 '가정 경제의 공동책임자'라는 책무에 혼란스럽고 당혹스럽기까지 할 것이다. 내가 그랬다. 사랑만 있으면 결혼생활이 행복할 줄 알았는데, 단단한 경제적 기반이 마련되어 있어야, 그 위에 우리 가정의 행복이 있다는 걸 깨달았다.

오늘은 내가 먼저, "여보, 우리 집 앞 카페에 가서 '우리 집 돈'에 대해서 함께 이야기 나눠보는 건 어때요?"라고 용기 내 말해보길 바란다.

신혼의 돈 관리를 통해 돈에 대해 부부가 솔직해지고, 우리 집 가정 경제를 위한 더 나은 플랜을 함께 의논하였다면, 흔들리지 않는 단단한 마음 또한 양 바퀴 수레처럼 함께 가야 한다.

2022년 카타르 월드컵 이후 '중꺾마(중요한 것은 꺾이지 않는 마음)'라는 단어가 유행하였다. 12년 만에 월드컵 16강에 진출한 대한민국 축구 국가 대표팀을 응원하는 슬로건으로 유명해졌는데, '중꺾마'는 어떠한 어려움에도 포기하지 않는 의지와 정신을 상징하는 표현이다. 신혼부부의 재테크에서도 이러한 '중꺾마' 정신을 유지할 단단한 마인드가 필요하다.

부부가 한마음 한뜻으로 재무계획과 목표를 세웠더라도, 흔들리지 않고 앞으로 나아가기가 생각보다 쉽지 않다. 다른 신혼부부들과 끊임없이 비교하게 되고, 저 집에는 있지만 우리 집에는 없는 가전제품, 물건을 구매하고 싶은 소비의 유혹이 든다. 가정 경제를 위해 애쓰지만 당장 눈에 띄게 변화하는 게 없는 것 같아 포기하고 싶은 유혹, 직장 및 육아에 지쳐 하루 일상을 살아내는 것만으로도 벅차 재테크 공부는 사치이고, 쉬고만 싶은 유혹에 흔들릴 것이다.

이런한 유혹들에도 흔들리지 않고 '중꺾마' 정신을 유지하는 마인드 비법 몇 가지를 소개 하고자 한다.

첫째, '돈 일기장'을 적는다.

보통은 일기라 하면 일상적인 일들에 대한 나의 생각과 감정을 기록한다. 오늘부터는 다이소에서 1000원짜리 노트 1권을 구매하여 '돈 일기장'을 만들어 보자. 돈 일기장은 돈과 관련된 모든 이야기를 솔직하게 적어보는 것이다. 돈이 없어서 서러웠던 이야기, 돈을 더 벌기 위한 고민, 나에게 10억이 생기면 무엇을 할까 등 돈과 관련된 나의 생각과 감정을 온전히 일기처럼 적어보는 것이다. 나의 일기장이므로, 누구에게 보여줄 필요도 없으니 자유롭고 솔직하게 적을 수 있다. 적고 나면 객관적으로 보인다. 우리 실생활에서 돈이 갖는 의미와 돈의 중요성을 다시 한번 깨닫게 된다. 포기하지 않고 나아갈 수 있는 나만의 마법노트를 갖게 된 것이다.

둘째, '돈 관련된 환경'을 만든다.

매일 똑같은 사람들을 만나고 똑같은 환경에 놓여 있다면 지금과 똑같은 삶을 살게 될 것이다. 내 인생을 바꾸고 싶다면 주변 사람들을 바꾸고 내가 원하는 모습으로 환경을 바꿔야 한다고 성공한 사람들은 공통적으로 이야기한다.

내 주위에는 부자가 단 한 명도 없었다. 돈 관련 공부를 하는 사람도 찾을 수 없었다. 그저 직장 열심히 다녀서 저축이 최고의 재테크라 생각하는 사람들뿐이었다.

돈과 관련된 환경을 만들기 위해서는 온라인 커뮤니티에 가입해서 활동해 보거나 또는 강의료를 지불하고 온, 오프라인으로 재테크 강의를 듣는 것이다. 행동하다 보면 바쁜 일상 속에서도 자신의 삶을 조금이라도 업그레이드하고자 노력하는 눈빛이 반짝반짝한 멋진 사람들을 만날 수 있다. 혼자 했으면 포기했을 텐데 같이 공부하는 사람들이 있다는 사실만으로도 포기하지 않고 단단히 나아갈 수 있다. 변화하고 싶다면, 지금 당장 내가 원하는 환경 속으로 들어가보자.

단단한 마인드를 유지하기 위한 돈 일기 쓰기와 돈과 관련된 환경 만들기의 핵심은 지속적으로 나를 '돈'과 관련하여 노출시키는 것이다. 다람쥐 챗바퀴 같은 일상 속에서 스스로 각성하지 않으면, 무의식적으로 손을 놓게 된다. 우리 집 가정 경제가 어디로 가는지 방향을 알 수가 없다. 의식적으로 매일 마음을 단단히 하고자 노력해야 한다. 이러한 돈과 관련된 노력들이 지금은 아주 작고 미미해 보일지라도, 매일 돈에 노출되며 스스로를 일으켜 세웠던 사람과, 그렇지 않은 사람의 격차는 10년 뒤, 20년 뒤에는 확연히 벌어지지 않겠는가?

나는 당신의 10년 뒤 모습이 환하게 웃고 있길 바란다.

신혼부부 재테크 3단계 - 부부가 윈윈하는 투자(전략)

우리는 결혼과 동시에 많은 역할의 이름들을 부여받는다. 아내, 남편, 엄마, 아빠, 며느리, 사위라는 이름들이 생겨나고 고유한 나의 이름 석 자가 희미해져 간다. 새로 생겨난 이름들의 역할을 충족하느라 바쁘게 살다 보면, 나의 이름이 가진 꿈과 목표를 생각해볼 겨를이 없다. 돈은 많은 문제를 해결하도록 도와주지만 100퍼센트 모든 문제를 해결해 주지는 않는다. 아무리 많은 돈을 갖게 되더라도 내가 원하는 삶이 무엇인지 알지 못하면 결국 공허함만 남게 된다.

인생 로드맵 작성을 통하여 아내와 남편을 독립된 객체로 인정하고 서로 갖고 있는 꿈과 목표가 무엇인지, 앞으로 우리 가정이 어떤 삶을 살고 싶은지 함께 알아보는 시간이 필요하다. 부부가 함께 작성한 인생 로드맵과 안정적인 투자가 서로 상호작용을 할 때, 남편도 아내도 이익을 얻을 수 있는, 부부가 윈윈하는 투자를 완성할 수 있다.

인생 로드맵 작성으로 남편과 아내, 가정이 원하는 삶에 대해 알아보기

『엄마의 돈공부』 저자 이지영 작가는 부와 행복을 위해서는 먼저 '인생의 로드맵'을 세워야 하며 명확한 로드맵 없이 인생을 살게 되면 경제적 자유는 절대 오지 않는다고 말한다.

결혼 후 일상을 정신없이 바쁘게 살다 보면, 부부가 한집에 살면서도 남편과 아내가 원하는 삶이 무엇인지, 어떤 꿈을 꾸는지 이야기를 나누지 않으면 알 수가 없다. 부부간에 대화 나눌 시간이 없다면 의무적으로라도 대화할 시간을 정기적으로 정하는 것도 하나의 방법이다.

우리 부부는 한 달에 한 번씩 마지막 주 일요일을 가족회의 날로 정했다. 이날 남편과 아내가 원하는 방향과 꿈에 대해 함께 이야기를 나눈다.

다음은 『엄마의 돈공부』의 인생 로드맵 예시를 토대로 남편과 아내의 단기 목표인 '2023년 꿈 목록'을 작성해 보았다. (『엄마의 돈공부』(개정판) 178p, 179p)

진행 사항	남편의 꿈	구체적인 방법	준비(소요금액)/1년 기준
	1. 이직을 통한 원하는 삶 살기	1. 이직을 위한 강의 결제 및 독서실 다니기	1. 강의비+독서실 비용 =3,000,000
	2. 건강 유지, 체력 관리를 위해 퇴근 후 꾸준히 운동하기	2. 헬스장 다니기	2. 헬스장 비용=840,000

		3. 라식 하기	3. 라식 비용=2,400,000
3. 안경 벗고 자유롭게 다니기			

진행 사항	아내의 꿈	구체적인 방법	준비(소요금액)/1년 기준
	1. 원하는 장소에서(카페, 도서관 등) 원하는 공부하기	1. 노트북 구매하기	1. 노트북 비용=900,000
	2. 건강 유지를 위해 내 몸에 맞는 운동 배우기	2. 요가학원 다니기	2. 요가학원 비용=1,560,000
	3. 자유롭게 나의 차 운전해서 다니기	3. 소형 중고차 구매 하기	3. 소형중고차 비용=5,000,000

진행 사항	가정의 꿈	구체적인 방법	준비(소요금액)/1년 기준
	1. 첫아이 임신하기	1. 첫아이 임신, 출산 비용 마련하기	1. 첫아이 임신 비용=7,000,000
	2. 아이 방을 만들어줄 큰 집으로 이사 가기	2. 이사 비용 마련하기	2. 이사 비용=3,000,000
	3. 안정적인 투자를 위한 종잣돈 마련하기	3. 투자 위한 자금 마련하기	3. 종잣돈 비용=10,000,000

남편의 꿈과 아내의 꿈을 이루기 위해서는 기본적으로 들어가는 생활비, 공과금 이외에도 꿈 비용으로 1년에 13,700,000원이 추가로 필요하다. 가정의 꿈을 이루기 위해서는 20,000,000원이 필요하다. 1년에 천만 원도 모으기 쉽지 않은 고금리, 고물가 시대에 꿈 비용으로만 입이 떡 벌어지는 금액이다.

부부가 함께 대화하며 남편이 원하는 것, 아내가 원하는 것, 가정이 원하는 방향에 대해 간단하게라도 인생 로드맵을 작성해 보자. 결국엔, 남편과 아내와 가정의 꿈을 이루기 위해서는 '돈'이라는 재화가 있어야 함을 절실히 느끼게 된다. 부부의 노동 수입만으로는 한계가 있음을 느낀다. 머리를 맞대고 어떻게 하면 지금보다 더 나은 가정경제를 만들어 나갈지 고민할 수밖에 없다.

실전투자 경험:
내 돈 0원으로 21평 대전 아파트로 내 집 마련

결혼 이후 막연히 청약 당첨으로 내 집 마련을 꿈꾸었다. 생활비가 마이너스 되더라도 매달 꼬박꼬박 청약적금은 빠뜨리지 않았다. 그러다 생각지도 못하게 2020년 방 2개, 화장실 1개인 70㎡ 26년 노후 아파트를 우리 첫 집으로 구매하게 되었다. 2020년 7월 정부는 부동산 규제를 강화하고 주택임대차보호법을 시행하였다. 어느 날 부동산 사장님의 전화를 받았다.

"새댁, 잘 지내지요? 집주인이 집을 내놓으셨는데 매매를 원하시는 분이 오셔서 지금 집 보러 가도 될까요?"

부동산 사장님의 말에 의하면 집주인은 우리 집 이외에도 아파트를 10채 이상 보유한 투자자였는데 강력한 정부의 부동산 규제로 급하게 집을 내놓았다고 했다. 당시, 나는 폐암으로 투병 생활을 하시는 친정아버지 병간호로 직장을 다니지 못했고, 주 4일 이상을 지방과 서울로 왔다 갔다 하며 몸도 마음도 지칠 대로 지쳐 있던 상태였다. 이사를 준비할 에너지가 단 1%도 남아 있지 않은 상황이었으며, 당장에 이사 갈 여유 자금도 없었다. 남편의 외벌이로 생활비를 충당하기에도 빠듯했고, 손 벌릴 곳도 마땅치 않아 물러날 곳 없던 상황이었다. '길바닥으로 내쫓기는 심정이 이런 거구나…' 망연자실했다. 몸도 마음도 만신창이인데 집주인이 나가 라고 하면 나가야 되는 떠돌이 신세인 내 집 없는 설움이 목 끝까지 차올 랐다.

이 난관을 헤쳐나가기 위해서는 빠른 판단을 내려야 했다. 남편과 고 민 끝에 최대한 대출을 활용하여 살고 있던 집을 매수하기로 결정했다. 급하다고 무턱대고 매수를 결정했던 건 아니다. 내 돈이 한 푼도 들어가 지 않았기에 더욱 신중히 안전한 투자인지에 대한 확신이 필요했다. 평소 에 관심을 두고 읽었던 부동산 관련 책들과 강의에서 들었던 공통된 이야 기를 근거로 매매를 결정했다.

첫째, 대단지 아파트인가?

대단지란, 서울에서는 500세대 이상, 경기도나 기타 지역에서는 1,000 세대 이상의 아파트를 말한다. 대단지의 장점은 놀이터, 상가, 편의 시설, 녹지 공간과 조경 시설, 주차 시설 등이 잘 갖추어져 있다는 것이다. 또한, 대단지 아파트 주변에는 우수한 교육 시설이나 대형마트가 생길 수밖에 없어, 시간이 지날수록 점차 환경이 개선되어 자연스럽게 집값도 상승한 다. (『엄마의 첫 부동산 공부』129p)

둘째, 수요가 풍부한가?

어떤 물건의 가격을 결정하는 기본요소는 '수요'와 '공급'이다. 수요가 높은데 공급이 적으면, 즉 필요로 하는 사람은 많은데 팔려고 하는 사람이 적으면 당연히 가격은 오른다. (『엄마의 첫 부동산 공부』 130p)

셋째, 입지가 좋은가?

인근에 편의 시설이 잘 갖춰져 있어야 한다. 아파트 인근에 대형마트(이마트, 홈플러스, 롯데마트 등), 백화점, 멀티플렉스 영화관(CGV, 롯데시네마 등), 대형병원 등이 있다면 각종 인프라를 편리하게 이용할 수 있다. 또 편의 시설이 인근에 갖춰져 있으면 이곳에서 일하는 사람들도 많기 때문에 수요가 꾸준히 올라가고 임대를 놓아도 거래가 빠르게 이루어진다. (『엄마의 첫 부동산 공부』 155p)

이를 근거로, 매수하고자 하는 아파트를 평가하였다.

첫째, 대단지 아파트인가? 1886세대 규모의 대단지 아파트임을 확인하였다.

둘째, 수요가 풍부한가? 아파트 옆에 대형병원과 대학교가 위치해 학생과 직장인들의 월세, 전세 수요가 풍부함을 확인하였고, 소형평수 아파트 선호도가 높았다. 또한 대형병원 증축 공사 중이라, 앞으로도 이곳에서 일하는 사람들의 수요가 꾸준히 올라갈 것임을 예상했다.

셋째, 입지가 좋은가? 걸어서 다닐 수 있는 초등학교, 중학교, 고등학교가 있었고, 차로 5분 거리에 대형마트인 롯데마트가 있었다. 도보 10분 거리에는 롯데시네마 영화관이 지어지고 있었다.

연식이 있는 아파트라 수익을 많이 얻지는 못하더라도 잃지 않는 안전한 투자가 될 거라는 확신으로 주위의 만류에도 불구하고 남편과 상의 끝에 내 집 마련에 첫 투자를 시작했다.

매매가 (2020년 11월 KB 시세 기준)	123,000,000
주택담보대출(70%)	86,000,000
신용대출	37,000,000
1년 뒤 매매가 시세 (2021년 12월 KB시세 기준)	217,500,000

그러자, 신기한 일이 벌어졌다. 역사상 가장 심한 부동산 규제 강화로 대출이 까다로워졌고, 규제를 하면 할수록 사람들의 매수심리가 급등하면서 1년 만에 약 1억 원의 집값이 올랐다. 단순히 숫자만 놓고 계산해 봐도 대출금을 모두 갚아도 수중에 돈이 남았다. 아이러니하게도 내 돈이 전혀 들어가지 않았는데 내 집 마련에 성공했으며, 여윳돈까지 생겼다! 누가 마법을 부린 것도 아니고, 복권에 당첨된 것도 아닌데 신기한 경험이었다. 그 후 돈 공부를 하면서 이 마법 같은 일이 벌어진 건, 내가 살아가는 세상이 자본주의 시스템이기 때문에 가능했다는 걸 이해하게 되었다.

직장에 다니면서 노동 수입으로 1년에 천만 원도 모으기 힘든데 자산 소유만으로 1년 만에 1억 원이 상승하는 그래프를 보며, 내가 살아가고 있는 자본주의 세계의 마법 같은 현상에 놀랐다. 목구멍까지 불행이 차올랐던 그 순간이 우리에겐 또 다른 세계로 나아갈 수 있는 천운의 순간이었다는 걸 시간이 흐른 뒤에 알게 되었다.

인생 로드맵과 안정적인 투자로 완성하는
'부부가 윈윈하는 투자(전략)'

새벽 6시. 천근만근 무거운 몸을 이끌고 남편이 출근을 위해 집을 나선다. 일주일 중 가장 피로감이 심한 목요일 아침이다. 오늘따라 남편의 어깨가 더 무거워 보여 안쓰럽다. 하루빨리 사랑하는 남편이 직업적 소명을 이루기 위해 꿈꾸는 그곳으로 나아갈 수 있도록 경제적 지원을 해주고 싶다. 축구를 좋아하는 남편이 안경을 벗고 자유롭게 헤딩을 할 수 있는 날도 꿈꾼다.

내가 자동차를 갖는 모습도 그려본다. 남편을 기다리지 않고, 내가 원하는 곳은 어디든 다닐 수 있고 떨어져서 살고 있는 사랑하는 가족들, 친구들이 나를 필요로 할 때 언제든지 달려갈 수 있는 모습을 그려본다.

내년에는 우리 부부의 사랑스러운 첫아이를 임신하는 모습을 상상한다. 우리 아이와 함께 앞으로 행복하게 살아갈 예쁘고 아름다우며 빛나는 날들을 꿈꾼다.

남편의 꿈, 아내의 꿈, 우리 가족의 꿈이 있기에 오늘도 성공적이고 안전한 투자를 부부가 함께 고민한다. 부부의 안정적인 투자 속에는 아내와 남편, 우리 가정의 꿈이 가득 담겨 있음을 잊지 말아야 한다.

아이와 더 행복할 신혼부부에게

새하얀 반짝이는 웨딩드레스를 입고 환하게 웃고 있는 결혼사진을 들여다본다. 돈이 없어도 사랑만 있으면 행복할 거라 생각했던 5년 전의 내 모습과 마주한다.

"돈 없이도 행복하다." "너무 돈, 돈, 밝히지 말아라." "열심히 직장 다니면서 저축하는 게 최고의 재테크다."라는 말을 듣고 자랐다. 금융교육은 한 번도 받아 본 적이 없었다. 자본주의 사회에서 살면서 자본주의의 기본원리를 이해하지 못했다. 수입을 어떻게 관리하고 현명한 소비란 무엇인지에 대해서도 알지 못했다. 결혼과 동시에 마주한 '돈'과 관련된 현실의 벽 앞에서 무너져 내리던 절망감과 막막함을 아직도 잊을 수가 없다.

최근 기사에 결혼 비용은 평균 3억 3,050만 원이라고 한다. 주택 2억 7,977만 원, 혼수 1,573만 원, 예식홀 1,057만 원, 예단 797만 원, 예물 739

만 원, 신혼여행 485만 원, 스드메 333만 원, 이바지 비용 89만 원이다. ("결혼식, 돈으로 시작해 돈으로 끝난다" MBN뉴스 기사 인용) 임신, 출산, 신생아 육아 필수품들까지 최소한으로 해도 출산에 드는 비용이 1천만 원이다. ("1천만 원 넘게 드는 요즘 출산… '필수템' 광고 주의보" MBN뉴스 기사 인용)

"결혼자금 양가 3억까지 증여세 공제, 자녀장려금 2배 확대"라는 최근 기사도 눈에 띈다. 성인이 된 자녀에게 결혼자금으로 증여세 공제 한도를 1억 5천만 원까지 확대하겠다는 기사다.

'다른 집들은 결혼자금으로 부모님들께 3억을 받기도 하는구나…' 속으로 생각한다.

돈이 없으면, 사랑하는 사람과 결혼식을 올리는 것도, 사랑스러운 아이를 낳고 기르는 것도 한낱 꿈일 뿐이다. 이게 우리가 살아가는 자본주의 세상의 진실이라는 것을 결혼 이후에 깨닫게 되었다.

인생이 흰 도화지 위에 다양한 색감을 칠하는 과정이라면, 돈이 없을 때는 인생 도화지에 흰색뿐이 칠할 수 없다. 다양한 경험들로 여러 색을 칠하려면 결국 돈이 필요하다.

우리가 꿈꾸는 경제적 자유는 당장에 100억대, 200억대 부자가 되길 바라는 건 아니란 걸 안다.

- 깨끗하고 잘 정돈된 집 안에서 귀엽고 사랑스러운 아이들과 여유 있는 시간을 보내는 것
- 맛있고 건강한 음식을 돈 걱정 없이 사랑하는 가족들과 함께

먹는 것
- 가족들이 아플 때 병원비 걱정 없이 치료를 받을 수 있는 것
- 아이들 방학 때 가까운 바다로 여행 갈 수 있는 여행 여유 자금
  이 있는 것
- 남편과 아이들이 하고 싶은 꿈이 있을 때 경제적 지원을 해주
  는 것
- 경제적 문제로 부부싸움 하지 않는 것

이처럼 일상적이고 평범한 이유이다. 평범한 일상 속에서 나와 가족들의 존엄성을 지켜나갈 수 있을 만큼의 경제적 자유를 원한다.

나는 지금 사랑하는 남편과 아이와 제주도 한 달 살기를 하는 중이다. 뜨거운 태양을 피해 파라솔 아래서 얼음이 동동 떠 있는 제주도 한라봉 주스를 한 모금 마신다. 투명하고 맑은 바닷가 모래 위에서 모래 놀이를 하고 있는 아이와 남편의 모습을 바라본다. 아빠와 같이하는 모래 놀이가 즐거운지 아이는 연신 맑은 웃음소리를 낸다. 아이의 순수한 웃음소리가 내 마음을 행복감으로 가득 채운다. 내일은 피톤치드가 가득 나오는 숲속을 남편과 아이와 손잡고 같이 걸어야겠다고 생각한다.

앞으로 5년 뒤, '아이와 남편과 제주도 한 달 살기'를 꿈꾸는 나의 미래 일기 내용이다.

'아이와 제주도 한 달 살기'를 하고 있는 사람들의 사진과 영상들이 SNS에 자주 올라왔다. 제주도 자연 속에서 해맑게 뛰어놀고 있는 아이들과 여유로운 표정의 엄마, 아빠 사진을 바라보며 어느 순간, 하나의 버킷리스트가 되었다. 아름다운 자연환경이 가득한 제주도 한 달 살기를 통해 아이와 다양한 경험을 쌓으며 행복한 추억을 만들고 싶다.

제주도 한 달 살기 버킷리스트를 이루려면 어느 정도의 돈이 필요한지 머릿속으로 그리게 된다. 30일 숙박비, 하루 3끼*30일 식비, 한 달 월 차량 렌탈료 및 주유비, 관광지 입장료, 레저, 문화 활동비, 추가 생활용품 비용 및 비상금 등.

직장에 한 달 휴가신청으로 인해 월급 감면까지 고려하면, '아이와 제주도 한 달 살기' 버킷리스트를 이루기 위해서는 생각보다 많은 비용이 필요하다. 5년 뒤, 내가 꿈꾸는 미래 일기를 실현시키기 위해 나는 오늘도 포기하지 않고, 경제적 자유인을 향해 나아간다.

인생에서 돈에 대한 문제를 해결한다는 건 영적 각성만큼이나 삶에 있어 중요한 가치다. 돈을 세속적인 이유로 방치하고 두렵다고 피하면 그 피해가 나와 내 가족 전체와 다음 세대까지 이어지며 평생 노동의 굴레를 벗어날 수 없다.

2020~2023년 4년 연속 최장기 베스트셀러 경제/경영 부분 1위 김승호 저자의『돈의 속성』프롤로그 첫 페이지에 나오는 글이다.

돈에 대해 생각하지 않고 덮어두고 살면 편하다. 하지만 마냥 덮어두고 살기엔 나와 내 가족, 다음 세대까지 생존을 위협당하는데 너무 무책임한 행동이지 않은가?

나는 경제 공부란, 인생 공부와 같다고 생각한다. 인생에서 돈에 대한 문제를 해결하겠다고 결심하는 건, 대단한 '용기'이자, 나와 사랑하는 가족들을 지켜 내겠다는 강한 '책임감'이다.

경제 공부를 시작하면서 나는 내가 생각했던 것보다 더 강하고 용기 있는 사람이라는 걸 알게 되었다.

결혼 이후 어디서부터 경제 공부를 시작해야 할지, 조언을 구할 주위 사람이 없어서 두렵기만 했을 때 지푸라기라도 잡는 심정으로 책을 찾았다.

이 책을 집어 들었을 신혼부부들의 마음을 헤아려 본다. 내가 그랬듯이 얼마나 절박하고 막막한 마음일까? 내 눈앞에 있다면 등을 토닥여 주고 싶다. 그러곤, 이렇게 말해 줄 것이다.

"인생에서 돈에 대한 문제를 해결하기로 용기 낸 것만으로도 충분히 대단해요. 사랑하는 가족들과 스스로의 인생에 대한 책임감을 갖고 있는 당신 멋져요! 원하는 삶을 만들어 나갈 힘을 충분히 갖고 있어요. 지금 아무것도 없어도 괜찮아요. 지금 여기서, 이 자리에서 시작하면 돼요!"

지금 한 발짝 용기 내어 내디딘 작은 시작들이 분명, 커다란 열매를 맺어 당신의 달콤한 인생으로 돌아올 거라 확신한다. 부디, 경제적 자유를 이루어 사랑하는 아이와 가족들과 원하는 삶을 만들어 나가길 바란다.

절약과 예금만으로는
절대 부자가 될 수 없다

절약과 예금만으로 부자가 되는 것에는 한계가 있다는 것을 알면서도 여전히 많은 사람이 테이크아웃 커피를 끊고 중고 상품을 사고 도시락으로 점심을 해결하면 돈이 빠르게 쌓일 것이라고 믿는다. 15년 전, 나 역시 그랬다. 커피를 사 먹지 않고, 중고 가전을 쓰고, 절약하고 저금하면 언젠가 내 집 마련도 하고 부자가 되지 않을까 상상하곤 했다. 그러나 그 상상은 비현실적이었다. 절약과 동시에 반드시 돈 공부를 해야 한다. 재테크와 투자를 통해서 자산을 높이려고 노력해야 한다.

나의 경험에 비추어보면, 절약만으로 부자가 될 수 없는 데는 여러 이유가 있었다. 우선 소득이 근로 소득에만 한정되어 있고 연봉 자체가 높지 않은 상태라면 절약을 한다고 해도 제한적인 금액에서 멈추게 된다. 그뿐만 아니라, 인플레이션으로 물가가 상승하여서 절약으로 모은 현금은 화폐 가치가 점차 떨어지게 된다. 무엇보다도, 절약과 예금에만 집착하게 되면 투자를 할 수 있는 기회까지도 놓칠 수 있다. 투자에 좋은 지역이 있었고 좋은 타이밍이었는데 예금 만기가 아직 1년 남아서 목돈이 묶여 있어서 투자 기회를 놓친 경우까지도 있었다. 실제 예금 이자 수익률은 투자로 얻을 수 있는 수익률보다 현저히 낮음에도 불구하고 예금과 절약에 몰입하면서 소극적으로 되고, 자산을 증가시키는 전략을 세우기보다는 방어하는 데 급급하게 된 것이다. 결국, 부자가 되기 위해서는 들어오는 소득을 빠르게 높여야 하고, 예산 관리를 통해서 지출을 안정적으로 관리하고, 적극적인 재테크와 투자를 통해서 돈을 일하게 하여 자산을 불려 나가야 한다.

자산을 10배 빠르게 증가시키는 3원칙
1원칙: 근로 소득 외 다양한 소득원 만들기
2원칙: 예산 수립 통해 지출 관리하기
3원칙: 투자를 통해 돈을 일하게 하기

윤소영 저자는 고난을 이겨내고 돌파구를 찾아내며 위기를 바꾸는 사례를 생생하게 보여준다. 결혼 이후, 친정아버지 병간호로 지방과 서울을 오가며 몸도 마음도 지친 상태였고, 남편의 외벌이로 생활비를 충당하기도 빠듯했던 상황에서 임대로 살고 있던 집의 집주인이 집을 내놓았다는 갑작스러운 소식을 듣게 되었다. 그때, 윤소영 저자는 당시의 위기를 내 집 마련의 기회로 바꾸었다.

돌이켜보면 나에게도 위기는 언제나 새로운 기회가 되었다. 좁은 빌라에 월세로 살고 있을 때, 첫아이를 갖게 되었다. 처음에는 경제적 여유가 없는 상태에서 아이를 키워야 하는 일이 걱정되었지만, 다른 시각으로 바라보자 아이를 잘 키우기 위해서라도 내 집도 마련하고 돈을 불리는 방법을 알아야겠다고 결심하게 되었다. 다른 시각으로 보자, 부모가 된다는 것이 새로운 인생을 향한 출발점으로 다가왔다. 돌이켜보면 가난한 상태에서 부모가 되었던 것이 가난에서 벗어나는 열쇠가 되어주었다. 그전까지는 대출에 대한 두려움으로 내 집 마련을 생각은 했으나 실행하지 못했었다. 그러나 막상 아이가 생기자 내 집 마련을 위해서 용기를 내게 되었고 주택 담보 대출 등 레버리지를 활용할 수 있었다. 마지막으로 그동안 돈 문제를 내 인생에서 우선순위로 두지 않았던 나의 태도로 경제적 문제가 개선되지 못했다는 것을 깨닫게 되었다. 두 아이의 엄마가 되고 나서야 텅 빈 잔고에서 공포를 느끼게 되었고, 결국 그 위기가 스스로의 무지로 인한 것이었음을 받아들였다. 절약에만 의존했던 나의 재테크 방식은 인플레이션을 따라잡지 못했고, 빠르게 부자가 되는 길과는 거리가 멀었다. 몇 가지 질문을 던지면서 나는 위기를 기회로 바꾸게 되었다. 누군가는 위기를 기회로 만들고 누군가는 위기에서 무너진다. 경제적 위기를 기회로 만들기 위해서는 다음 세 가지 질문을 반드시 해야 한다.

> **경제적 위기를 기회로 바꾸기 위해 반드시 해야 할 세 가지 질문**
> **첫째, 지금 직면한 문제를 다른 관점으로 바라본다면 어떠한가?**
> **둘째, 두려움으로 실행하지 못했던 일은 무엇이었는가?**
> **셋째, 위기를 발생시킨 문제를 개선할 방법은 무엇인가?**

위기가 기회가 되는 핵심적인 이유는 무엇일까? 위기가 오면, 우리는 종종 그동안 바라보던 관점과는 다른 관점으로 세상을 바라보게 된다. 그동안 생각은 했지만 두려워서 적극적으로 추구하지 못했던 일들도 절박함으로 과감하게 밀어붙이는 힘이 생긴다. 위기가 닥쳤다는 것은 외부적인 요인으로 인한 것일 수도 있으나 내부적인 요인이나 나의 리스크 관리 부족으로 인해 발생된 것일 수도 있다. 잘못된 점을 개선한다면 다시 한번 크게 도약할 수 있는, 성장의 기회가 될 수 있다. 결국 위기는 개인의 삶에서도 재테크에서도 새로운 기회로 적용된다. 위기를 기회로 만들면서 한 단계 도약하자.

부자가 되기 위한 레버리지를 활용하라

부자가 되기 위한 레버리지 활용에는 다양한 요소가 있다. 우선 부동산 투자에서는 주택 담보 대출을 레버리지로 활용할 수 있다. 예를 들면, 윤소영 작가는 주택 담보 대출 레버리지와 신용 대출을 활용하면서 본인이 모은 자금이 없는 상태였지만 내 집을 마련할 수 있었다. 다시 말해서 매매가는 123,000,000원이었고 주택 담보 대출 86,000,000원과 신용 대출 37,000,000원을 활용하여 자기 자본은 0원이 소요된 것이다. 이렇게 매수한 집은 향후 시세가 1억 원이 상승하였고 인플레이션과 함께 물가 상승에 맞추어 자산 상승이 나타나게 되었다. 무주택자로서 주택 담보 대출을 활용하고, 직장인으로서 직장인 신용 대출 등 본인에게 적합한 대출 레버리지를 활용하여 과감하게 자산을 마련하였다. 레버리지 활용은 검의 양날과도 같아서 리스크가 따르게 된다. 그러므로 자신의 투자 지식과 배움을 통해서 철저하게 준비하면서 진행해야 한다. 또한 본인의 소득을 고려하여 적정 수준의 대출을 받아야 무리가 없다.

특히 레버리지 활용 시, 주택 외에도 현금 흐름이 창출되는 비주택 투자도 병행하는 것을 추천한다. 예를 들면, 상가를 대출받고 매수했는데 상가 월세가 이자보다 크다면, 매월 현금 흐름이 창출될 것이다. 그 비용으로 집을 매수할 때 받았던 주택 담보 대출까지도 일부 상환할 수 있다면 실질적인 이자 비용이 훨씬 줄어든다. 대출은 위험하다는 생각으로 무조건 피하기만 하는 경우, 자본이 넉넉하지 않아서 시작조차 못 하게 된다. 우선 안전하게 월세 흐름을 만들어둔다면, 다음 투자 시 어느 정도까지 대출을 받을 수 있을지 예상할 수 있다.

PART 3

시간 없는 워킹맘의
시크릿 투자법

박순녀

대기업 근무 후 경력 단절. 어린이집 원장 14년 차,
갑작스럽게 떠안은 억대 빚에서 벗어나서 내 집 마련과 월세 투자 성공
엄마의 꿈을 실현하고 경제 독립 이룬 비법

추운 겨울
가스가 끊기던 날

어느 날, 누군가 초인종을 눌렀다. 대기업을 다니던 나는 아이를 잘 키우기 위해 일을 그만두었고, 남편의 꿈인 사업을 지원하기 위해 내가 모아온 돈을 내주었다. 사업을 하면서 술자리는 더 많아졌고, 아이를 키우는 일에 나는 더욱 매진하고 있었다. 그리고 둘째가 생겨 나의 배에 또 이렇게 예쁘고 신기한 꼬물이가 움직이고 있었다. 새 아파트를 청약하고 좋은 꿈을 꾸고 있는 때에 마침 울리는 초인종… 그런데 이상하게도 여자가 아닌 남자였다. 아이를 키우며 내가 아는 사람이라곤 옆집 아기 엄마와 윗집 또래 아기 엄마뿐이었다. 참 이상하다고 생각하면서 "누구세요?"라고 물었다. 빚쟁이들이었다. 남자 세 명이 들어와서 여기저기 빨간 딱지를 붙이기 시작했다.

저녁이 될 때까지 기다리기 힘들었다. 남편에게 전화해서 물어보려고 했지만, 바쁘다며 집에 가서 얘기하자고 했다. 사업을 하며 열심히 일을 하지만, 기본 자금이 모자라기도 하고, 사업이 뜻대로 되지 않아 힘들었다고 했다. 친구에게 돈을 받지 못해 더욱 힘들어졌다고 했다. 결정적으로 아주버님도 장사가 어려워진 데다 어머님도 관광버스사업으로 빚을 얻었다. 그 빚을 못 갚게 되자 남편을 보증 세웠고 이것이 결정적으로 억대 빚을 떠안게 된 이유이다.

그날 우리 집에는 빨간 딱지들이 집 안 가득 곳곳에 붙었다. TV, 냉장고, 전자레인지, 세탁기, 장롱… 웬만한 곳에 새빨간 꽃들이 피어올랐다. 세상에 태어나 처음 경험한 것이라서 어떻게 해야 할지, 어떻게 대처해야 할지 아무것도 모르고 그저 망연자실하며 눈물만 흘리게 되었다. 어쩌면 저리 눈에 잘 들어오는 색깔일까… 곳곳의 꽃들은 그저 눈물이 내리는 것조차, 흐느낌조차 잠식해버릴 정도로 선명하게 피어있었다.

나는 직감했다. 내 아이들을 지키기 위해서 이 꽃들을 포기해야 한다는 것을… 그렇지만 평생 아끼고 모아온 모든 것들을 포기하는 것은 너무나도 고통스러웠다. 아니 포기할 수 없었다. 내가 하고 싶은 것들을 포기해가면서 모아온 것들이었다. 이렇게 한순간 그 강렬한 꽃에 잠식되기 싫었다. 그렇지만 이제 힘이 없고 지켜야 할 아이들을 위해 나의 욕심을 버리고 다시 일어날 방법을 모색해야만 했다. 나는 꽃을 좋아하지만, 강렬한 색의 꽃을 보면 가끔 공포를 느끼기도 한다. 가끔은 불편함을 느끼기도 한다. 이때 피어난 새빨간 꽃들이 너무나도 공포스러웠기 때문이다.

나는 평생 차곡차곡 모아온 모든 것들을 이 새빨갛게 피어난 꽃들에게 모두 내주었다. 그리고 한 번도 쓰지도 못하고, 보지도 못한 억대의 빚을 받았다. 그날의 기억은 아주 강렬했지만, 어떻게 보면 그 강렬함이 지금의 경제적, 정신적, 시간적 안정감을 만드는 불씨가 되었다. 아이들을 생각하는 마음이 풍요로운 생활을 만드는 기반이 되었다. 나는 사실 몇 달 동안 울기도 하고 우울증을 겪기도 했지만, 더욱 강해져야만 했다. 연약한 여자에서 강인한 엄마가 되어야 했다.

따뜻한 햇빛이 반짝이는 날, 15층 아파트에서 바라보는 세상은 눈부시게 아름다웠다. 적당히 살랑이는 바람이 시원해 나는 날고 싶은 충동에 휩싸였다. 새근새근 잠든 아이를 등에서 내려놓고 두 팔 벌려 공중으로 몸을 날리면 바람을 타고 훨훨 날 것만 같았다. 이 모든 것을 포기하기엔 평생 아끼고 살아온 세월이 너무 아까웠다. 그렇지만, 내가 이것을 붙들고 날아오는 고지서들에 묻혀 버린다면 앞으로 희망은커녕 이 세상을 저버릴 수도 있겠다는 생각이 들었다. 세간에 빨간 딱지가 붙고 전세금이 은행에 저당 잡혀서 살 곳은 필요했기 때문에 급하게 국민임대 아파트를 신청했다. 다음 해 봄 다행히 국민임대 아파트로 이사를 했다. 살 곳이 있는 것만으로도 다행이라고 여겨야 했지만, 나는 억울하고 화가 나서 하루하루가 버거웠다. 분윳값이 없어 당황스러운 때 그동안 모아온 포인트가 있는 것이 행운이라 여겨질 리가 없었다.

하루하루가 지옥 같았다. 임신했을 때 쪘던 살이 그대로 나의 몸에 덕지덕지 붙어 내 몸 움직이기도 힘든 상황에 예민한 두 아이는 잠도 잘 안 자고 수시로 빽빽 울었다. 거기에 층간 소음으로 나의 스트레스는 최악에

다다랐고 살아내는 것 자체가 힘들었다. 여전히 겨우 하루를 살아내고 추워서 놀이터도 못 간 아이들은 한참이나 울다가 잠이 들었고, 나 또한 기진맥진으로 함께 곯아떨어졌다. 한참을 잤을까? 추위를 많이 타는 나는 오그리다 못해 차가운 방바닥에 오한을 느끼며 잠에서 깼었다. 이게 무슨 일인가? 보일러도 안 돌아가고 방바닥은 얼음장 같았다. 나는 부르르 떨며 파카를 주워 입고 현관문을 열었다. 이게 뭐람… 처음 보는 주황색 집게가 우리 가스관을 둘러싸고 있었다. 자세히 보니 가스비를 못 내서 가스를 차단한 것이었다.

'하… 내가 정말 별일을 다 겪네… 우리 아이들 어떻게 해….' 이런 일은 티브이에서나 나오는 스토리인 줄만 알았는데, 이게 정말 현실인지도 모를 만큼 비참한 마음이 올라왔다. 그렇지만, 이렇게 넋 놓고 있을 수만은 없었다. 옷장 문을 열어 자는 아이들에게 가장 두꺼운 옷을 입히고 양말을 몇 겹 껴 신겼다. 급하게 그리고 조용히 빠른 내 몸짓 때문인지 하얀 입김이 숨 쉴 때마다 뿜어져 나왔다. 작은 발을 세 겹째 양말에 넣다가 나는 갑자기 터져 나온 눈물에 숨이 차오를 정도로 흐느꼈다. 내가 흐느끼려고 한 것도 아닌데, 입을 틀어막고 얼음장 같은 방바닥에 얼굴을 처박고 꺽꺽 넘어가는 울음조차 숨죽여야 했다. 아이들이 깨면 더 추위를 느낄까 봐 소리 내어 울 수도 없었다. 이렇게 우는 이 순간에도 달달 떨리는 몸은 이렇게 비참한 순간도 참지를 못하는구나. 이것이 더 소름 끼친다.

해가 뜨려면 아직 멀었는데, 하얗게 지새우며 딱딱거리는 이를 꽉 깨물었다. 내가 어떻게 해야 할까? 너무 비참하고 힘들고 슬프고… 내가 어떻게 해야 할까… 중얼거리다가 서성이다가 추워서 뜨거운 물이라도 마시려 하니 '아… 가스가 끊겼지….' 아이들은 조금 뒤척이기는 했지만, 토닥여 주면 또 잠들었다. 천사 같은 아이들이 무슨 잘못을 했을까…. 나는 무슨 잘못을 했을까…. 원망도 했다가 울기도 했다가 한숨을 쉬었다가 미친 것도 아닌데 오만 가지 생각들이 올라왔다. 나 혼자라면 원망스럽긴 하겠지만, 어떻게라도 먹고살 수는 있을 것 같은데, 어린 나의 소중한 아이들을 어떻게 잘 키울까? 이렇게 어렵고 두려운 삶에서 결핍에 노출시킬 수는 없다. 이렇게 아깝고 귀한 나의 아이들… 새근새근 잠든 아이들의 얼굴을 보는 순간 또다시 설움이 울컥 올라왔다.

처음에는 남편과 시댁에 대한 수많은 욕과 원망, 미움을 쏟아내며 저주를 퍼부었다. 지금까지 전혀 상황을 인지하지 못하고 여기까지 오게 된 나 자신에 대해서도 자책을 하게 되었다. 나의 잘못도 아니고, 듣지도 보지도 못했던 돈… 엄마가 부자들이 순진한 사람들을 등쳐먹고 빼앗는다고 해서 착하고 바르게 차곡차곡 모았는데 하루아침에 가난해지고 비참해지다니…. 왜 이건 말해주지 않았을까? 가족이라는 이름으로 함께 구렁텅이로 빠지는 길…. 그러다가 한순간 자책으로 이어졌다. 바보같이 아무것도 모르고 기대기만 했구나. 아예 관심도 없었구나. 언제나 항상 늘 이렇게 평탄할 줄만 알고 있었구나.

많은 사람들이 대부분 지금의 삶이 지속될 거라고 생각한다. 지금의 직장에서 계속 월급을 받을 거라고, 누리고 있는 나의 몸이 늘 건강할거라고, 모든 가족이 항상 안전할 거라고…. 하지만 아무도 모른다, 내일이 어떻게 변화할지. 좋은 쪽으로든, 나쁜 쪽으로든…. 나 또한 늘 누리는 일상이 지속될 거라는 생각만 하다가 맞이한 이 고통은 어떤 누구도 상상하지 못할 정도로 아프고 괴로웠다. 비참함은 그냥 이렇게 한 단어로는 도저히 형용할 수 없다.

아이에게
이 가난을 주기 싫었다

　빨간 딱지가 세 번이나 붙고, 세간살이가 2번이나 나갔다. 남편이 중고로 사준 것들까지 또 가지고 갔다. 냉동실에 얼려 두었던 나물과 고기에서 흘러나온 거무죽죽한 물은 파란 다라이에서 흥건히 올라와 있다. 흐물흐물한 봉지는 보기만 해도 정말 해 먹기 싫은 식재료가 되었다. '너무 맛있어서 또 해 먹으려고 삶아 놓은 건데….' 이렇게 힘든 일을 겪으며 새로운 마음으로 국민임대 아파트로 왔지만, 추운 겨울 가스가 끊기던 날, 나는 이를 꽉 깨물고 생각했다.

　'나는 오늘의 이 느낌. 떨림, 추위, 솜털이 다 서는 것까지 잊지 않고 기억할 거야. 솜털마다 맺혀있는 작은 습기까지 잊지 않을 거야. 우리 아이들에게는 절대 이런 느낌이 세상에 있다는 사실을 알게 하지 않을 거야. 비참한 현실을 절대! 절대 경험하게 하지 않을 거야. 이 세상에 태어나서 내가 할 수 있는 모든 것들을 동원해서라도 내가 힘 있는 엄마가 될 거야. 지금까지 무기력했던 나는 없어. 몸에 있는 게으름도, 머릿속의 두려움도 나의 분신들에게 흘러가지 않게 할 거야. 나는 엄마니까. 너희들은 선택해서 나에게 온 게 아니니깐. 엄마가 너희들을 지켜 낼 거야. 난 꼭 이겨 낼 거야. 나는 너희들을 지켜내는 엄마니까.'

나는 지금까지 살아온 연약한 여자가 아닌 어려움을 이겨내고 아이들을 지켜내는 멋진 엄마가 되기로 결심했다. 그리고 생각했다.

'나는 지금 어떻게 해야 할까? 돈을 벌어야 한다. 그러면 일을 해야겠지? 일을 하려면 아이들은 어떻게 하지? 어린이집에 보내야겠다.'

생각은 이렇게 했지만, 16개월 아기는 너무 어리고 40개월 아이도 어려서 마음이 아팠다. 그 시절만 해도 주위 엄마들이 거의 5살까지는 아이를 데리고 있었다. 그렇지만 또다시 가스가 끊기면 안 된다. 의식주조차 해결하지 못하는 환경에서는 아이들을 제대로 키울 수 없고, 이 비참함을 아이들이 느끼게 해서는 안 될 일이다. 나는 지나간 달의 달력을 찢어 볼펜을 찾아들고 적기 시작했다.

1. 아이들을 데리고 다닐 수 있는 일이 뭐지?
2. 어린이집 선생님이 되어야겠다.
3. 그럼 자격증을 따야 되는데 아이들은 어떻게 하지?
4. 아이들을 어린이집에 보내고 공부를 해야겠다.
5. 일을 하려면 몸이 가벼워야 할 텐데 이 몸으로는 일은커녕 하루를

지내기도 힘들어. 어떻게 하지?

6. 보육교사 자격증반에 들어가서 공부하고 남는 시간에 걷기부터 시
   작해야겠다.

이렇게 다짐하고 어린이집에 아이를 보냈는데, 아이들은 하루 종일 울
고 왔다. 아침에 집을 나서는 것도 곤욕이었다. 특히, 어린이집에 0세 아
이는 오픈 이래 처음이란다. 죄책감도 불쑥 올라오기 일쑤다. 원장님이
업어주고 이사장님이 차량 운행을 할 때 큰 버스에 태워 한 시간 이상 데
리고 다니셨다. 이사장님께 아빠라고 불렀다. 감사한 마음이 있으면서도
모든 게 왜 이렇게 미안하고 짠한지 우는 날도 많았다.

이때, 남편도 힘들었는지 술을 마시는 날이 많아졌다. 그런데도 새벽
에 일어나 일을 나가는 모습을 보니 나도 더 열심히 공부해야겠다는 생각
이 들었다. 더 감사한 것은 아이들을 보내는 어린이집 원장님께서 자격증
을 따면 보육교사로 채용해주겠다며 빨리 따라고 말씀해주셨다. 희망으
로 시작하며 조금 힘들어도 열심히 공부를 했다.

평생 교육원 자격증반에서 1년 동안 공부를 하고 그 다음 해 2월부터
어린이집에 함께 다녔다. 오전 8시 아이 둘과 오전 차량을 1시간 돌고 등
원하고, 오후 6시 오후 차량을 1시간 돌고 하원했다. 차를 살 돈도 유지할
수도 없을 만큼 어려웠다. 하원 때 두 아이가 잠이 들면 한 아이는 업고
한 아이는 깨워 우는 아이를 달래가며 집에 들어갔다. 어린이집 가방은
양팔에 끼고 내 가방은 어깨에 둘러매고 자꾸만 내려가는 아이를 들썩

부자의 공부법

이며 집으로 들어가자마자 저녁 준비를 하고 씻고 자는 일상이 힘들었지만, 월급을 생각하니 견뎌 낼 수 있었다. 아이들과 함께 씻고 누우면 아이들이 읽고 싶은 책들을 한가득 가지고 양옆에 눕는다. 나는 책을 읽다가 졸면서 웅얼거리면 딸아이는 "엄마, 그거 아니잖아~ 자지 마~"하며 눈꺼풀을 손가락으로 들어올렸다. 그때는 참 피곤했지만, 추억으로 기억되는 순간이다.

어린이집에 다니며 나는 꿈이 생겼다. 내 아이도 잘 키우고 싶고, 내가 돌보는 아이들도 잘 키우고 싶었다. 학부모님들과 상담도 잘하고 싶고, 한마디로 일을 잘해서 전문가가 되고 싶었다. 그래서 나는 다음 해 야간대학교 유아교육과에 진학했다. 일을 하며 학교를 다니는 일이 어려웠지만, 시험 기간에는 아이들을 재워놓고 새벽에 일어나 공부를 하였다. 우리 아이들은 나와 살을 비비고 자는 아이들이라서 공부를 하고 있으면 "엄마~"하며 작은 방으로 나를 찾아 들어왔다. 공부하는 나의 허벅지를 베고 다시 잠이 들기도 하였다.

한 일화를 말하자면, 취학 직전 딸아이 한글 수업을 할 때 '어머니는 ○○을 하십니다.'라는 문장의 ○에 들어갈 단어를 물어보는 항목이 있었다. 그때 딸아이는 "공부를 하십니다."라고 대답했다. 선생님이 원하는 답이 아니었다. 다시 한번 물으니 "일을 하십니다."라고 대답했다. 선생님은 웃으며 "엄마가 참 부지런하시구나."라며 "설거지랑 청소도 하시지?"라고 말씀하셨다. 아이의 눈에 공부하고 일하는 엄마로 비친 것 같아 왠지 자존감이 올라가는 기분이었다.

일을 하며 유아교육 공부를 하다 보니 더 큰 꿈을 꾸게 되었다. 어린이집 원장이 되고 싶다는 꿈. 하지만 현실에서는 택도 없는 일이다. 하루하루 먹고살기도 어려운 현실. 국민임대 아파트에 거주하는 저소득 가정, 빚을 갚는 것만으로도 허덕이는 날들이다. 그래도 꿈은 꿀 수 있는 거 아닌가?

그렇지만, 누군가는 비웃었다. 누군가는 독설을 퍼부었다. 가난한 사람이 원장이 되면 안 된다고. "선생님! 절대 어린이집 하지 마세요. 선생님이 원장이 되고 내가 엄마라면 아이 절대 거기 안 보낼 겁니다." 그래… 지금 어린이집 원장이 될 수도 없을 만큼 가난하지… 하지만 난 계속 가난하진 않을 거야. 이 말을 잘 기억하고 나의 아이들은 이런 말 따위가 있다는 것을 모르게 할 거야. 참 가난은 별 이상한 상황들을 만들어낸다. 불행한 상황을 만들어낸다. 가난하면 꿈도 꾸지 말라는 말인가? 가난이란 거 정말 싫다.

비수를 꽂는 말을 들으며 독기를 품었다. 나는 어린이집에 다니며 주임 역할도 해 보고, 기회가 왔을 때 어린이집을 인수하여 원장 일을 배웠다. 물론 돈이 없어 친정아버지께 한 번만 도와 달라 부탁드렸다. 아버지께서는 땅을 담보로 빚을 얻어주셨고, 달마다 이자 원금을 갚아나갔다. 그렇지만 막상 시작하고 보니 주위에 아이들이 없었다. 열심히 하는데도 유지하기가 어려웠다.

전단을 돌리고 아파트마다 어린이집 홍보지를 사탕을 넣어 문에다 붙이기도 했다. 정성과 온 힘을 다 쏟아부었다. 오전에 두 시간, 오후에 두 시간 차량을 돌며 겨우 아이들을 유치하고 온 정성을 들였다. 오전 7시부터 오후 9시까지 아이들을 봐주었다. 물론 돈을 더 받지는 않았다. 심지어 이사할 때 우리 집에 데려가 재우기도 하였다. 간절한 마음으로 정성을 다하니 알아주고 믿어주시는 내 편의 학부모님이 생기기 시작했다. 지금도 오랜만에 만나도 어찌나 반갑고 좋은지 절친으로 만나 회포를 푼다.

그러면서 서서히 이곳에서는 아무리 열심히 운영해도 계속 어려울 것이라는 결론을 내렸다. 물론, 여기에서 한 아이, 한 아이가 얼마나 소중한지 절절하게 느꼈다. 그래서 우리 어린이집에 오는 아이들과 부모님들이 참 소중하고 귀하다. 감사하고 사랑스럽다. 간절한 마음으로 새 아파트를 계약하고 첫 어린이집을 폐원한 뒤 새 어린이집을 오픈했다. 어디서 이런 용기가 났는지 겁 없이 시작했다. 어쩌면 처음에 시작했던 어린이집 운영이 용기를 만들어 낸 것인지도 모른다.

여기까지가 10년 정도의 이야기이다. 그동안 1억을 갚는 데 10년이 걸렸고, 현재의 자산을 취득하고 불리는 시간은 3년 정도이다.

며칠 전 대학교에 다니는 딸아이가 말했다. "엄마! 친구들과 이야기하다가 엄마가 어린이집 원장님이라고 하니까 부러워하면서 놀라더라. 나잘 몰랐는데 엄마가 참 자랑스럽더라고. 친구들 엄마 중에 보육교사가 두분이나 계시거든? 원장님 되기 어렵다고…."

엄마라는 이름으로 가난을 극복했는데 아이들이 엄마를 자랑스러워해줘서 행복하고 기쁘다. 물론, 경제적으로도 안정되고, 자산도 나날이 불어간다.

돈 공부를 시작하고, 좋은 멘토를 만났다. 현재 일도 열심히 하며, 부동산 공부도 열심히 한다. 어린이집 아이들에게 사랑도 물질도 아낌없이 주고 싶어 돈을 더 불리고 싶었다. 안정된 경제독립은 모든 일상생활을 풍요롭게 하고 내일의 두려움도 제거한다. 마음의 여유로움은 물론이고, 하고 싶은 취미생활도 맘껏 한다. 가난은 불행한 상황을 만들지만, 부는 행복한 상황을 더 많이 만들어갈 수 있다는 사실을 나의 삶으로 증명하며 살고 있다.

레버리지
투자의 비밀

돈 공부를 시작하고 2016년도부터 주식을 작게나마 운용하기 시작했다. 그 당시에 빚을 거의 다 갚아가고 있었고, 적은 돈으로 투자를 공부하는 시기였다. 그런데 조금만 오르면 팔고 싶어서 조바심이 났다. 기다리지를 못하는 성격이었다. 더 올라도 기다리지 못한 것이 아깝고 내리면 돈이 물려 화가 났다. 그래도 내가 이 가난에서 벗어나려면 꼭 재테크를 해야 한다는 생각이 들었다. 재테크를 말하면 많은 사람들이 주식과 부동산을 주로 이야기하기에 주식을 운용해보니 기다리는 것을 못하는 성격이라서 주식으로 성공하기 정말 어렵겠다는 생각이 들었다. 2016~2018년까지 수수료와 손익을 계산해보니 겨우 몇 만 원을 벌어서 허탈한 기분을 맛보았다. 그리고 부동산은 큰돈이 있어야 할 수 있는 재테크라고 생각했었다. 그렇지만, 우연히 듣게 된 강의에서 돈이 적거나 없어도 부동산 재테크를 할 수 있다는 것을 알게 되었다. 그 방법 중 하나가 레버리지 투자이다. 2019년부터 부동산 공부를 시작하면서 적은 돈으로 할 수 있는 레버리지 투자에 대해 열심히 공부하고 익혔다.

레버리지leverage란 지렛대라는 뜻이다. 오래전 기중기나 크레인같이 무거운 것들을 들어 올릴 때 사용하는 기계가 없던 때가 있었다. 그럼에도 불구하고 위대한 건축물들이 세워진 것을 보면 신기할 따름이다. 그런 건축에서 작은 힘으로 무거운 것을 들어 올려야 하는데, 이때 사용할 수 있는 도구이다. 자본주의 사회에서 레버리지는 투자를 할 때 타인의 자본(은행, 보험회사, 세입자 등)으로 더 많은 이익을 추구하는 목적으로 사용한다. 특히, 투자금이 적거나 없는 사람들도 투자를 할 수 있는 방법으로 사용할 수 있다. 레버리지를 이용하여 투자한 나의 사례를 소개하겠다.

1. 갭투자(전세금 레버리지)

2019년 공부를 통해 좋은 입지의 조건을 배우며 수원이라는 도시에 관심이 많아졌다. 물론, 경기도라서 내가 가지고 있는 투자금으로는 안 될 것이라는 예전의 생각들을 버리고, 투자할 수 있는 물건을 찾으려 노력하였다. 수원에 관심이 많은 이유는 형제자매가 그 근처에 살고 있기 때문이었다. 특히 가족들의 우애가 좋기 때문에 가까운 곳에 집을 두고 나이가 들면 같은 지역에서 함께 살고 싶은 생각이 있었다. 보유 자금이 5,000만 원. 이 돈으로 경기도 수원에 아파트를 산다니⋯ 불가능할 것 같았지만, 전문가 등의 피드백과 나의 지식, 두려움 극복을 통하여 이뤄내고 싶었다.

결론부터 말하자면, 전세금 레버리지를 사용하였다. (전세를 끼고 집을 샀다.) 보유 자금이 5,000만 원인데 매매가 3억 7,000만 원짜리 아파트를 매수하고, 전세 계약을 3억 2천만 원에 체결하였다. 이것이 전세금 레버리지이다. 모든 사업이나 투자를 할 때 두려움이 없는 것은 아니다. 100% 성공하는 것도 아니다. 이번 코로나 이후 전 세계 경제 상황이나 전쟁 등의 여러 상황으로 부동산 시장도 얼어붙었다. 그로 인해 전세가율이 낮아지면 전세금을 낮춰달라고 할 수도 있다. 하지만 미리 알고 대비하고 대처한다면 좋은 결과를 가져올 수 있을 거라 확신한다. 다행히 어려운 시기에도 세입자와의 관계가 돈독하여 그대로 재계약할 수 있었다.

이렇게 실행할 수 있었던 것은 '아는 만큼 보인다'는 말처럼 공부를 통해 충분히 고민하고 확신을 가졌기 때문이다. 그리고 내가 감당할 수 있는 만큼을 스스로 정하고 시장의 상황이 변화하더라도 기다릴 수 있는 여건 또한 충분히 고려했기에 무슨 일이 일어나도 흔들리지 않는다. 모든 투자는 전문가의 조언도 필요하지만, 내 결정을 의심하지 않고 내가 결정한 것을 책임질 각오가 있다면 충분히 나의 미래, 즉 나의 경제 독립을 성공할 수 있다.

2. 내 집 마련 레버리지

첫 투자를 실행하고 공부를 하다가 문득 내가 전세금 레버리지를 집주인에게 주고 있다는 사실을 깨달았다. 그 즉시 같은 아파트 시세를 손품 (가격, 시세, 필요정보를 인터넷으로 알아보는 기술) 팔고 가까운 부동산을 찾아가 궁금한 것들을 알아보았다. 손품으로 이미 기본정보들을 알아보고 여러 물건을 보러 다녔다. 마침 같은 동에 같은 평수의 집이 1,400만 원만 보태면 살 수 있다는 사실을 알고 계약금을 보냈다. 그런데 조금 힘들었던 이유는 전세 계약 만료가 몇 달 남아 있어서 세입자를 구해놓고 나가야 된다는 집주인의 말에 부동산에 내놓고 개인적으로도 지역 인터넷 사이트에 전세 매물을 올리기도 하였다. 다행히 세입자를 구할 수 있었고, 나는 내 집 마련을 하였다.

내 집 마련을 하고 부동산 공부를 계속하며 가만히 생각해보니 100% 내 자본으로 샀기 때문에 이 돈을 깔고 앉아 있어 아깝다는 생각이 들었다. 나는 집 담보로 낮은 이자 대출 레버리지를 일으켜 상가를 매입하였다. 물론, 상가도 대출 레버리지를 이용하였고, 대출 이자를 제하고도 20만 원이 순수익으로 들어왔다. 이것이 은행의 돈을 빌려 나에게 이익을 일으키는 레버리지다. 여전히 편안한 내 집에서   거날 걱정 없이 살면서도 상가를 살 수 있는 돈을 마련하였다. 은행에서는 서민들의 돈을 예금으로 받아 이를 운용하여 이익을 가져간다. 그렇다면, 개인들도 은행의 돈을 빌려 이익을 내면 되는 것 아닌가? 같은 현상이지만, 생각의 작은 전환이 나를 움직이게 하고 자산을 취득할 수 있는 방법을 터득하게 했다. 무언가를 처음 시작할 때는 두려움만 있었다. 그런데 공부를 하면 할수록 돈이 없어도 또는 돈이 적어도 투자할 수 있는 길이 점점 열리는 느낌이다.

3. 분양권 레버리지

부동산 공부를 하기 전 모델하우스에 가면 감탄을 하면서도 분양을 받을 생각을 한 번도 해 본 적이 없다. 특히, 인기가 많아 사람들이 번호표를 받아 들고 반나절 줄을 서서 들어가는 모델하우스도 있었다. 그럴수록 한숨만 늘어갔다. 그러다가 인기가 많은 핫한 아파트 2006년 확장단지 대장 아파트에 욕심 내서 청약을 했었다. 돈은 많지 않았지만 부푼 꿈을 안고 청약을 했으나, 다음 해 빨간 딱지가 붙으며 아파트를 포기해야만 했다. 그렇지만, 내가 잠시나마 가졌던 아파트라 그런지 계속 알아보게 되었는데 프리미엄이 붙어 억이라는 숫자를 바라보았었다. 또한 지금까지 보유하고 있었어도 분양가 평당 587만 원에서 평당 조금 내린 가격이 현재 856만 원이다. 얼마나 아깝던지 배가 아플 정도였다. 그렇지만, 한 번 실패하고 계약금까지 날린 상태였기에 집에 욕심은 있었지만, 살 생각은 조금도 없었다. 그러나 공부를 시작하며 분양권에 관심을 가지게 됐고 종잣돈을 모아 2022년 분양권을 매수하였다. 결과는 아직 안 나왔지만, 입주 시 프리미엄이 오르면 분양권을 매도하고, 그렇지 않다면 전세 레버리지를 일으켜도 된다. 이렇게 단계적으로 레버리지를 일으켜 투자를 계속하려 하고 있다.

이처럼 순차적으로 자산을 취득해서 그 자산으로 레버리지를 일으키고, 그로 인해 또 자산을 취득하는 과정이 내 자산의 숫자를 점점 올려주고 있다. 전세금 레버리지, 내 집 마련 레버리지, 분양권 레버리지, 상가 레버리지를 따라 한다면 가난한 내 상황을 일어서게 하는 중추 역할을 할 수 있다.

레버리지는 주식이나 부동산 투자를 하는 분들에게는 아주 익숙하고, 종잣돈이 적거나 없는 사람들한테는 희망이 되기도 한다. 그러나 투자는 양날의 검과 같아서 너무 욕심을 내거나 제대로 공부하지 않고 막무가내로 레버리지를 사용한다면 내가 베일 수도 있으니 조심하여야 한다. 나의 상황에 맞추어 내가 감당하고 책임질 수 있는 선에서 집중과 선택을 잘 해야 한다. 그래서 더더욱 공부가 필요하다.

경제 독립으로 가는 길이 쉽거나 거저 되는 것은 아니다. 거저 알게 되는 것도 아니다. 다만, 내가 얼마나 간절히 알아보느냐에 따라 어떤 상황이든 길이 보인다. 힘든 과거를 '그때 참 힘들었지….'라고 추억하는 날이 있기를 바란다. 레버리지가 나에게는 희망이었고, 그 희망으로 누군가가 나의 길을 따라 경제 독립을 꿈꾸기를….

부지의 공부법

인테리어 4가지 비법

2021년 전세로 살던 아파트 같은 동에 내 집 마련을 했다. 투자 공부를 하며 문득 내가 전세금 레버리지를 해주고 있다는 생각을 하였다. 당시 초중고 학세권에다 아이들 학교와 맞물려 있어 그 아파트에 계속 거주해야 했다. 새벽 운동을 하고 출근하는 엄마이기에 아이들은 학교도 스스로 일어나 등원하였다. 우리 아이들은 새벽에 일찍 일어나 등원하거나 버스를 타야 할 때도 당연히 그렇게 하는 것이라 생각하였다.

입지는 초중고 학군으로 좋았지만, 전세금에 조금만 더 보태서 집을 마련하였기에 연식이 좀 오래된 아파트이다. 아파트가 오래되어 인테리어를 어떻게 할 것인가에 고민을 많이 하게 되었다. 그리고 어디를 어느 만큼 할 것인가도 고려해야 하고, 가격 또한 얼마를 사용할 것인가도 고려해야 한다. 그러면서 강의를 통해 배운 것들을 한 번 더 복습하며 워킹맘이기에 짬 시간을 활용하여 업체를 알아보기 시작했다.

1. 인테리어 알아보기 전 체크포인트

• **공사 시기와 기간:** 대부분 전 세입자가 이사를 나가고, 나의 이사 날짜를 꼼꼼히 체크하여야 한다. 인테리어를 하는 동안에는 이삿짐을 들일 수 없으므로 기간이 맞지 않으면 짐을 맡기는 비용이 발생할 수 있기 때문이다. 이사하기 전 인테리어를 하고 입주 청소를 하면 아주 좋다.

• **공사를 시행할 범위:** 크게 도배 장판, 싱크대, 욕실, 베란다 등의 범위를 결정하고 세분화하여 신발장, 옷장 등의 가구, 베란다와 세탁실, 창과 샷시, 조명 등의 범위를 꼼꼼히 체크하여야 한다. 그렇지 않으면 인테리어 상담을 가서 휘둘리거나 생각지도 않은 부분을 함께 권유할 때 제대로 결정하지 못한다면 인테리어 진행이 지연될 수 있다.

• **인테리어 스타일 결정 및 자재 알아보기:** 후회하지 않고 나의 성향에 맞는 스타일의 인테리어를 하려면 어떤 재료를 사용하여 어떤 질감을 나타내고 싶은지 확실하게 결정하여야 한다. 내 집 마련을 하고 싱크대와 도배 장판을 할 때 깔끔하고 넓어 보이면서도 조금은 아늑한 분위기를 원하였기에 연한 나무 무늬 장판과 올록볼록한 질감의 벽지를 선택하고 같은 계열의 색으로 싱크대를 교체하였다. 아주 넓은 평수는 아니라서 천장과 벽을 통일해 공간이 넓어 보이도록 하였

다. 인테리어는 한 번 하고 나면 수시로 바꾸기 어려우므로 내가 원하는 스타일의 모델하우스나 구경하는 집을 참고하여 사진으로 남기는 것도 좋다.

- **조명과 소품 알아보기**: 인테리어만으로 만족이 되지 않는다면 조명이나 소품 등을 활용하고, 미리 알아보는 것도 좋다. 조명은 따로 인터넷으로 구매하는 것이 저렴하다. 미리 구매하여 전기 공사를 할 때 부탁하면 설치해주시고, 작업자를 별도 섭외하면 된다. 조명과 소품에 따라 분위기를 자유롭게 바꿀 수도 있고, 훨씬 좋아진다.

2. 왕초보를 위한 인테리어 솔루션

첫째, 유행하는 인테리어를 자주 볼 기회를 만든다.

처음 인테리어를 한다고 하면 내가 어떤 스타일을 좋아하는지, 어떻게 꾸미고 싶은지, 어떤 공간을 만들 것인지 도무지 감조차 없는 경우가 많다. 이럴 경우 간단하게 유튜브나 인스타 등으로 누워서도 알아볼 수 있다. 요즘 본인은 시골집을 꾸미며 자연과 어우러지는 모습을 담은 유튜브를 자주 본다. 힐링이 필요할 때 시골집을 매입하여 예쁘게 꾸미고 살면 참 좋겠다는 바람이 있기 때문이다. 어떤 집은 특이하고 튀는 인테리어, 어떤 집은 조명을 사용하여 따뜻하고 친환경적인 요소가 많은 인테리어, 어떤 집은 깔끔한 수납공간과 소품으로 포인트를 주는 인테리어 등 개인적인 취향이 한껏 드러나는 인테리어가 참 재미있다.

둘째, 인테리어나 소품 활용을 잘하는 지인 집이나 구경하는 집을 보러 간다.

인테리어 감각이 있다면 좋겠지만 색, 배치, 간단한 정리정돈도 어려워하는 본인은 옷도 같은 색으로 깔 맞춤 하거나 디피 되어 있는 옷을 그대로 사는 경우가 많다. 시간이 조금 된다면 구경하는 집이나 모델하우스를 자주 가보면 좋다. 이 집들은 사람들에게 좋은 인상을 주기 위해서 잘 꾸며놓았기 때문에 인테리어 감각을 올릴 수 있다. 마음에 드는 것이 있다면 사진을 찍어 놓는 것도 좋다. 또한 소품 활용을 잘하고 인테리어 감각을 가진 지인이 있다면 맛있는 빵이나 간식을 사 들고 자주 들러 계절마다 바뀌는 소품이나 가구 배치 등도 살피면 좋겠다. 인테리어나 건축 박람회 같은 곳에서 자재, 질감 등을 많이 접하고 보는 것도 좋겠다. 박람회를 가면 요즘 유행하거나 많은 사람들이 선호하는 스타일의 타일이나 인테리어를 엿볼 수 있다.

셋째, 도배, 장판, 싱크대 등을 직접 찾아가 따로 알아본다.

도배, 장판, 싱크대 등을 한 업체에 맡기는 것보다 직접 도배하고 도배지, 장판을 파는 곳에 가서 꼼꼼히 알아보는 것이 좋다. 어차피 싱크대나 가구를 하는 분들도 도배 장판을 하는 곳에 맡기기 때문에 소정의 수수료를 남긴다. 따로 도배 장판을 맡기면 그만큼의 수수료를 아낄 수 있고, 그곳에서 도배지, 장판을 구매하면 적은 인건비를 받고 시공해주므로 비용을 줄일 수 있다. 싱크대를 할 때 현관, 주방 타일, 욕실 타일을 함께 시공하면 더 좋다. 주방은 싱크대만 바꿔도 확실히 깔끔하지만, 막상 시공을 하고 나니 왠지 조금 아쉬움이 남았다. 특히 욕실과 현관은 꼭 함께할걸 그랬다는 생각이 2년이 지나도 계속 아쉬움으로 남아 있다.

넷째, 소품이나 조명을 잘 활용하자.

인테리어를 하고 집에 가구를 배치하며 생활을 시작하면 또다시 인테리어를 하기란 정말 쉽지 않다. 모든 가구, 물건, 옷가지 등 구석구석 숨어 있는 짐까지 모두 쌓아둘 공간도 없고, 컨테이너를 이용하여 맡기고 인테리어 하는 집을 보니 짐 맡기는 비용만 360만 원이라고 했다. 우리나라는 사계절이 있고, 이에 따라 옷차림이나 먹는 음식도 달라지는데 집은 항상 그대로라면 삶이 조금은 지루할 것 같다는 생각이 든다. 인테리어를 바꾸지 않고 분위기를 바꾸려면 작은 소품이나 화분, 조명들을 이용하면 된다.

집은 나에게 쉼을 주기도 하고, 꿈을 만들어주기도 하는 공간이다. 때로는 포근하고 때로는 재미있으며, 때로는 새로운 영감을 주는 공간이다. 바쁘게 살아가던 몸과 마음을 편안하게 감싸주고 행복감을 주는 공간이기에, 인테리어 감각을 높여서 나의 삶의 질도 높여보자. 그렇게 하면 한 가지 이점이 더 있다. 집을 매도할 때 더 잘 팔리거나, 가격을 조금 더 높일 수 있거나, 전, 월세를 놓을 때도 인기가 많은 공간이 될 수 있다는 것이다. 내가 누릴 공간을 만들었을 뿐인데 한껏 누리고 난 후 가치를 높이는 역할까지 하니 일석이조가 아닐 수 없다.

돈이 돈을 버는 시스템을
구축하기 시작하다

 돈이 돈을 버는 시스템이 뭘까? 말을 그대로 직역하자면 나의 노동과 시간을 들이지 않고 돈을 들여 그 돈이 돈을 벌어 들여오는 것을 의미한다. 누군가는 머니 파이프라인이라고도 이야기한다. 『파이프라인 우화』에서는 돈이 돈을 버는 파이프라인의 예를 우화의 형식으로 설명하기도 한다. 아이들이 어렸을 때부터 줄곧 워킹맘이었고 공부도 꾸준히 해오던 터라 시간이 많지 않았지만, 새벽 시간과 퇴근 후 일정한 시간을 확보하고 돈을 버는 시스템을 구축하기 시작했다. 물론, 많이 바쁘고 정신없이 돌아가는 때라서 공부할 시간이 없다는 핑계를 많이 댔었지만, 드라마를 보는 시간, 혼술 하는 시간, 옆집 언니와 험담하는 시간들을 줄이니 생각보다 많은 시간을 확보할 수 있었다.

 도대체 돈이 돈을 버는 시스템이 뭔지에 대해 궁금해하고 헤매던 시간만 5년 이상이었던 것 같다. 그 이유는 주위에 부자도 없었고, 부자가 되는 것에 관심이 있던 이웃도, 방법을 아는 사람도 없었다. 그저 지금의 부족한 상황에 대한 원망, 나라에 대한 불만, 서민을 힘들게 하는 사회를 욕할 뿐이었다. 그러니 돈을 버는 방법이라곤 솔잎을 먹는 송충이가 되는 것뿐이었다.

대기업에 들어가서 최선을 다해 일하고 인정받으며 잘리지 않고 오랫동안 월급을 타는 것이 가장 좋은 삶이라고 들어왔다. 대기업에 들어가 새벽밥을 먹고 갑자기 잔업이 있으면 졸면서 일을 하고, 특근을 거른 적도 없다. 물론, 다른 직원들보다 월급도 더 많았고, 고과도 잘 받아서 보너스도 많았었다. 가난한 부모님이 4남매를 키우며 새벽부터 밤늦게까지 일하시는 모습을 보고 자란 터라 성실함은 아주 잘 배웠지만, 가난은 그리 쉽게 벗어날 수 있는 것이 아니었다. 구멍 난 양말을 꿰매 신을 만큼 아끼는 것만으로는 돈이라는 놈은 부족하기만 했다. 자식이 원하는 공부를 시켜주지도 못하고 대학은 생각지도 못하게 말하는 가슴은 얼마나 미어 터졌을까… 그래서 나도 스스로 로버트 기요사키처럼 부자 아빠를 찾아 헤매기 시작했다. 공부하는 것을 아이들 스스로 자유롭게 결정할 수 있도록 능력 있는 엄마가 되고 싶었다. 알고자 한다면 요즘은 얼마나 쉽게 공부할 수 있는지 모른다. 유튜브, 책, 줌 강의, 인터넷 강의, 직접 강의 등 참으로 부자 되는 법을 알기 쉬운 세상이다.

돈이 돈을 버는 시스템을 공부하며 크게 주식과 부동산 투자를 결정하였다. 돈을 투자해서 자산을 사고, 그 자산이 돈을 꾸준히 벌어들인다. 물론, 은행 적금으로 이자를 벌어들일 수도 있다. 하지만 은행에서는 그 적금을 투자하여 더 많은 수익을 벌어들이고, 이의 일부를 이자로 내어주고 있다. 일부를 받는 것이 아니라 그 이익금을 다 가지는 방법을 알아낸다면 얼마나 좋은 일인가? 그리고 그 방법을 터득한다면 일회성이 아니라 꾸준히 흐르는 돈의 시스템이 마련되는 것이다.

현재도 어린이집을 운영하며 계속 내 분야에서 전문적인 지식을 쌓으며 노동과 시간을 들여 돈을 벌고 있다. 원장으로 커리어를 쌓으며 돈을 벌기 위해 아파트 1층을 계약하고 지금까지 생활비를 벌며 주식을 조금씩 운영하였고, 부동산 공부를 시작하며 조금은 놀라운 경험을 하였다. 이곳에서 시간과 노동을 통해 돈을 버는 공간이 가격이 올라 더 많은 돈을 벌어들이는 것이었다. 자산의 가치가 오르다 보니 순자산이 급격히 올라갔다. 경제 뉴스를 접하다 보면 사옥이나 회사 빌딩의 가격이 10년 동안 사업을 하며 벌었던 돈보다 매각하여 벌어들이는 돈이 더 큰 경우도 접하게 되었다. 유레카를 외쳤다. 이것이 돈으로 취득한 자산이 돈을 벌어들이는 시스템이 되는 것임을 발견했다.

돈이 돈을 버는 시스템은 돈이 있어야 투자든, 사업이든 할 수 있다. 그러므로 처음에는 노력과 노동, 시간을 들여 벌어들이는 근로소득, 또는 사업 소득 등으로 시작하고 종잣돈을 마련하면서 꾸준히 다른 머니시스템 구축을 위한 지식을 함께 쌓아나가는 것이 좋다. 재테크 초반에는 근로소득을 이용하여 레버리지를 일으키는 데도 유리할 수 있다. 적은 자본으로 내 집 마련을 시작으로 조금씩 입지나 조건이 좋은 갈아타기 방법으로도 나의 돈이 돈을 버는 시스템을 만드는 것이 가능하다. 편안하게 나의 집을 이용하여 자산의 크기까지 키우는 나에게 있어 가장 큰 부분을 차지하는 방법이다.

지금 이 나이가 되고 뒤돌아보니 성실하게 꾸준히 노력하는 것만으로는 내가 원하는 만큼의 자산을 만들기란 참으로 어렵다고 생각했다. 누군가는 수십억 원, 수백억 원 또는 월 억대의 소득을 원할지도 모르겠지만, 나는 그 정도로 꿈이 크진 않았다. 물론, 꿈을 크게 가지면 더 높고 많은 것들을 얻을 것이라는 것은 믿어 의심하지 않는다. 나의 아이들에게 가난의 비참함, 돈이 없어 꿈을 포기하는 좌절을 느끼지 않게 하고 싶었다. 그러기에 주식도, 부동산도 꾸준히 공부하며 돈이 돈을 버는 방법을 조금씩 지경을 넓히고 있다. 그러다 보니 나의 꿈도 한 가지씩 늘어나고 아이들에게 성장하는 자랑스러운 엄마의 모습으로 변해가는 과정을 증명해내고 있다. 고3 아들이 본인의 성장을 위해 멘토를 스스로 찾고 부자의 마인드에 대해 질문할 때면 얼마나 뿌듯하고 자랑스러운지 모른다.

이렇게 근로소득으로 시작하여, 사업소득으로 옮겨지며 주식과 부동산을 통해 돈이 돈을 버는 시스템을 구축하고 특히, 상가 월세는 따박따박 월급처럼 들어오는 시스템은 얼마나 매력적인지 모른다. 지금 이 시간에도 나의 돈은 돈을 만들고 있고, 이 쓰는 이 글은 인세 소득을 만들어 낼 테고, 나의 머니 파이프라인이 결합하여 도미노처럼 돈이 흐르는 시스템을 점점 더 많이 만들어 갈 것이다.

건물주를 꿈꾸다

　가스가 끊기고, 분윳값을 걱정할 정도로 가난하던 시절, 억대 빚이 있다는 현실이 도저히 실감 나지 않던 시절, 건물주는커녕 내 집 마련이라도 꿈꿀 수 있겠는가? 그 당시에 꿈을 꾸고 의심하지 않고 생생하게 상상하면 이룰 수 있다고 생각할 수 있을까? 그때는 꿈꾸는 것조차 사치였었다. 지금 나의 자리에서 건물주를 꿈꾸는 것이 오히려 현실적이지 않다고 말할 수도 있다. 그러나 지금은 정확하게 건물주가 된다는 사실을 의심하지 않는다. 조금씩 가까이 다가가고 있고, 이루기 위해 계속 공부하며 나아갈 것이고 실행할 것이기 때문이다. 물론, 처음 일을 시작하고 노동으로 돈을 벌기 시작할 당시에는 빚을 갚아내며 하루하루 먹고사는 것도 모자랄 지경이었다.

　현실에서 내가 꿈꾼 희망은 내 분야에서 전문적인 지식을 쌓을 수 있는 야간 대학을 다니는 것이었고, 다음 단계는 어린이집 원장이 되는 것이었고, 다음 단계는 경제적인 자유를 꿈꾸는 것이었다. 궁극적으로 경제적인 자립을 하는 것이었다. 나의 바람과 꿈이 처음부터 크진 않았다. 계속 스스로에게 질문하고 작은 것들을 해나가다 보니 조금씩 길들이 보이기 시작했다. 선택하고 걸어가고 선택하고 책임지다 보니 캄캄한 앞날에 조금씩 빛이 들어와 가야할 길이 보이게 되었다. 희망이라곤 전혀 없었던 캄캄하고 비참했던 현실을 원망으로만 물들이고 빚을 넘겨준 것에 대한 탓만 하고 있었다면 아마도 지금까지 눈물로 밤을 새우는 날들이 지속되었을 것이다. 하찮고 작지만, 지금 할 수 있는 무언가를 해나가다 보면 언젠가 이렇게 더 큰 희망을 결정하고 꿈꾸는 날이 찾아올 것이다.

누구에게나 절망의 시간이 찾아올 수도 있다. 운이 좋게 술술 잘 풀리는 인생이 지속될 수도 있다. 물론, 운이 함께 들어온다면 더할 나위 없이 좋을 것이다. 세상은 내가 움직일 수 없고 100% 예측할 수도 없지만 지속적으로 주시하며 굳건히 나의 꿈을 키우며 산다면 언젠가 그 꿈을 이룰 수 있다. 혹시 이루지 못한다 해도 그 목표 언저리에 닿을 것이다.

아이가 27개월일 때부터 나는 워킹맘이었다. 독박 육아에 야간 대학을 다니며 공부를 했고, 가난에 허덕이며 냉장고 파먹기와 적은 돈으로 아이들의 몸과 마음이 건강해지는 놀이를 연구하기도 하였다. 아이들과 함께 하며 돈 버는 방법을 끊임없이 시도하고 연구하였다. 그러면서 우연히 돈이 돈을 버는 방법이 있다는 사실을 알게 되었지만, 어떻게 시작하고 어떻게 버는지에 대한 궁금증은 정말이지 해소되지 않았다. 그러나 베스트셀러 『엄마의 돈공부』라는 책을 통해서 이지영 대표님을 알게 되었고, 뉴리치 연구소 카페에서 진행되는 부자 습관 프로젝트에 참여하며, 나도 시작할 수 있겠다는 용기를 갖게 되었다. 멘토님의 지식과 부를 늘리는 방법을 배우며, 함께 상의하며 경제력을 키우기 시작했다. 지금은 꼬마 빌딩의 건물주를 꿈꾸고 있다. 이 정도는 누구나 꿈꿀 수 있고 이룰 수 있다.

투자를 하며 가장 좋은 것은 나의 성장을 통해 경제적 자유뿐 아니라 나의 대해 많이 알게 되고 평소 행복한 시간이 더 많아진다는 것이다. 인간이 행복해지기 위해서 돈이 필수는 아니지만, 없으면 몸도 마음도 불편해지는 상황이 종종 생긴다. 그러면 슬프거나 불행한 생각이 나를 가둔다. 똑같은 상황이 생기더라도 나의 경제력이 뒷받침되어준다면 웃으며 넘길 수 있는 여유가 생긴다. 그러기에 행복은 두 배가 되고 불행은 열어지기 마련이다. 돈이 없어 아이들에게 좋은 것들을 먹이고 싶어도 만지작거리기만 했던 시절이 있었다. 사람이 살아가는 이유를 찾아 헤매던 시절, 사는 것이 이렇게도 힘이 든다면 왜 사는 건지 궁금한 때가 있었다. 그렇지만, 이렇게 꾸준히 노력하고 공부하고 걸어가다 보면 '부'는 조금씩 나의 가까이로 다가온다. 그렇기에 지금의 여유로움이 얼마나 소중하고 행복한지….

건물주는 무슨, 먹고사는 것만 걱정 없으면 좋겠다고 생각할 때가 있었다. 부동산 공부를 시작할 때만 해도 두려움과 공포로 망설이기 일쑤였다. 멘토님의 지식과 부를 늘리는 방법을 배우며, 상의하며 지금의 나의 경제력을 키우기 시작했다. 누구든 시작할 때는 두려움이 가득 찰 것이다. 우리의 뇌는 새로운 것을 시도하면 에너지를 많이 쓰기 때문에 새로운 행동을 하지 못하게 하는 생각들을 내보낸다. 그리고 지금까지 우리가 자라오며 들어온 가난의 암시들을 그대로 잠재의식에 가지고 있기 때문에 더더욱 두려울 것이다. 그렇지만, 조금만 더 깊이 생각해보자. 지금처럼 살면서 불행할 것인가, 행동해서 결과를 보고 불행할 것인가, 행동하고 결과를 만들어내고 성취하고 행복을 만들어낼 것인가.

엄마라면, 워킹맘이라면 누구나 건물주를 꿈꿀 수 있다. 그 언저리에서 누군가 나에게 도움을 요청한다면 스스럼없이 도와줄 것이다. 나의 멘토님처럼…. 지금 나는 파란색 창문이 비치는 건물주를 생생히 그리며 공부를 열심히 한다. 기회를 잡기 위해서는 늘 함께하고 있어야 하기에….

꿈꾸는 삶은 하루하루가 활기차고 희망이 넘친다. 내 주위에는 더 긍정적이고 좋은 사람들이 많아진다. 험담을 늘어놓던 사람들도 나를 만나면 밝고 행복해진다는 말을 한다. 건물주를 꿈꾸며 이것을 이루는 모습도 당당히 보여줄 것이다. 누군가의 희망이 되고 누군가에게 힘이 되어주는 워킹맘이 되길 꿈꾼다. 그래서 건물주를 꿈꾸는 것일지도 모른다. 이루며 사는 삶은 얼마나 성취감이 충만하고 행복한지 모른다. 아이들에게 부자가 되는 삶을 보여주고 긍정적인 마인드를 대물림하는 자랑스러운 엄마이기에 오늘도 당당히 걷는다. 가난했던 시절 미안함과 죄책감은 이 세상 내 삶에서 지우는 것…. 엄마이기에 모두 이룰 수 있었고, 워킹맘이기에 해낼 수 있었다. 건물주를 꿈꾸며 오늘을 다시 시작한다.

시간이 부족한 전업주부와 직장인들
온라인 정보 검색 손품에 승부를 걸라
한계를 뛰어넘는 새로운 방법으로 도전하라

육아로 인한 경력 단절의 상황에서 남편의 사업 빚까지 떠안게 된 절망적인 상황, 그 순간에도 포기하지 않고 아이들에 대한 뜨거운 사랑으로 경제적인 위기를 극복해 낸 박순녀 저자의 성공 스토리는 어머니의 사랑이 얼마나 위대하고 강한지 그대로 보여준다.

아이에게 가난을 물려주지 않겠다는 일념으로 굳은 결심을 하고 자격증 공부를 하고, 어린이집 원장이 되어 자신의 삶을 성장시켜 나가고, 가족을 위한 보금자리인 내 집 마련에 성공하고 노후를 위한 상가까지 마련한 저자의 모습은 모든 워킹맘의 롤모델이 된다. 일과 육아를 병행하면서도 가능한 재테크 노하우가 궁금하다면 박순녀 저자의 "시간 없는 워킹맘의 시크릿 투자법"을 반드시 숙지하고 적용해야 한다. 삶이 힘들고 절망에 빠졌을 때, 가장 소중한 존재인 가족에 대한 사랑으로 어려움을 극복해 낸 저자의 재테크 성공 스토리는 당신에게도 가이드가 되고 방향을 제시해 줄 것이다.

부자 되는 정보의 검색 방법을 배워라

일, 육아, 재테크를 병행하며 바쁘고 시간이 부족한 워킹맘일수록 재테크 투자 정보를 최대한 효율적으로 검색하는 능력이 중요하다. 온라인으로 검색하는 경우, 워킹맘의 야근이나 출장 등의 일정과 상관없이 정보 검색이 가능하다.

나는 온라인 정보 검색인 손품에 승부를 걸었기에 아이를 키우고 직장을 다니면서도 내 집 마련부터 수익형 부동산 상가 투자 공부까지 하며 30채 이상의 부동산 투자를 할 수 있었다. 부동산 투자를 위한 추천 웹사이트 예시는 다음과 같다. 시간이 부족한 워킹맘이라고 할지라도 각종 자료와 정보를 적극적으로 검색하고 조사한다면 오히려 양질의 정보를 바탕으로 투자 결정을 올바르게 내리고 성공적인 투자를 할 수 있다.

부자 되는 정보 검색 방법 Top 10

일, 육아, 재테크를 병행하며 바쁘고 시간이 부족한 워킹맘일수록 재테크 투자 정보를 최대한 효율적으로 검색하는 능력이 중요하다. 온라인으로 검색하는 경우, 워킹맘의 야근이나 출장 등의 일정과 상관없이 정보 검색이 가능하다.

나는 온라인 정보 검색인 손품에 승부를 걸었기에 아이를 키우고 직장을 다니면서도 내 집 마련부터 수익형 부동산 상가 투자 공부까지 하며 30채 이상의 부동산 투자를 할 수 있었다. 부동산 투자를 위한 추천 웹사이트 예시는 다음과 같다. 시간이 부족한 워킹맘이라고 할지라도 각종 자료와 정보를 적극적으로 검색하고 조사한다면 오히려 양질의 정보를 바탕으로 투자 결정을 올바르게 내리고 성공적인 투자를 할 수 있다.

투자에 있어서 무엇보다도 큰 그림과 시장 흐름을 보는 것이 필요하다. 세부적인 매매 호가, 전세가, 월세 등을 조사하기에 앞서서 시장의 큰 흐름과 동향을 양질의 자료를 통해서 주기적으로 확인한다면 잃지 않는 투자를 할 수 있다. 이를 위해서 '부동산 정보 확인 필수 사이트 Top 3'를 정리한다. 이것만은 매주 한 번씩 반드시 확인하자. 실전 투자 실력이 높아질 것이다.

부동산 정보 확인 필수 사이트 Top 3

1. KB 부동산

부동산 시세 및 시장 정보 제공, 부동산 관련 금융 상품 제공, 부동산 매물 등을 제공한다.

　KB 부동산은 매주 주간 통계를 발표하며, 매월 월간 통계를 게시한다. 자료를 통해서 아파트 매매 가격 증감률, 전세가 증감률, 아파트 매매가격지수, 아파트 전세가격지수, 매수자 매도자 동향 등을 파악할 수 있다.

2. 한국부동산원

부동산 시세, 부동산 가격 공시, 한국주택가격 동향 조사 등 조회, 부동산 통계 자료, 부동산 시장에 대한 연구 보고서 등을 제공한다.

　한국부동산원은 부동산통계정보시스템을 통해서 주간, 월간 주택 통계 자료를 게시한다. 한국부동산원 자료를 통해서 미분양 주택 현황, 주택 건설 인허가 실적, 부동산 시장 심리 지수, 월별 거래 매매 현황 등을 파악할 수 있다.

3. 아실

해당 아파트 단지의 실거래 가격을 확인하여 평균적인 가격 수준 파악, 시세 동향, 시장 분석, 인구 증감, 학군 정보 등을 조회할 수 있다.

　아실에서는 여러 아파트의 가격 비교, 갭투자 증가 지역, 외지인 투자 증가 지역, 매물 증감, 아파트 미분양 등 다양한 투자 관련 자료를 무료로 확인할 수 있다. 외지인 투자 증가 지역이란 실거주를 목적으로 매수한 사람이 아닌 투자 목적으로 차익을 얻기 위하여 매수한 거래량의 증가 지역을 뜻한다. 현재 사람들이 관심 있는 지역이 어디인지 정보를 파악할 수 있다.

투자에 영향을 주는 다양한 요소에는 대출 금리, 정부 정책, 산업 동향 등이 있다. 특히 최근 고금리로 인한 시장 변동성이 컸기 때문에 부동산 시장에서는 금리의 영향을 고려하여 투자를 내리는 것이 중요하다. 그뿐만 아니라 레버리지를 활용할 때도 다양한 상품을 비교 검색하여 가장 유리한 상품을 선택한다면 수익률이 높아지게 된다. 일반적으로 금리 인상은 경제 전반에 대한 불확실성을 높이고, 투자 심리를 위축시킨다. 시장을 꾸준히 모니터링하는 이유 역시 금리 인상과 인하에 따른 변동성을 사전에 예측하고 최적의 타이밍을 잡기 위한 것이다. 아래 웹사이트에서 금리, 정책, 산업 동향 등의 정보를 무료로 파악할 수 있다.

재테크 정보 검색 웹사이트 7개 리스트

1. 은행 연합회

금융 상품 정보, 대출 금리, 예적금 금리 비교 등을 한눈에 볼 수 있는 사이트

2. 금융 감독원

주택 담보 대출, 개인 신용 대출 등 대출, 저축, 펀드 등에 대한 정보 확인 사이트

3. 금융 소비자 정보 포털

보험, 증권, 연금 저축, 퇴직 연금 등에 대한 정보 확인 사이트

4. 한국 은행 경제 교육

경제 칼럼, 경제 카드 뉴스, 강좌 동영상 등의 정보 확인 사이트

5. KB 금융 경영 연구소

한국 부자 보고서, KB 주택 시장 리뷰 등의 정보 확인 사이트

6. 한국금융연구원

연구보고서, 세미나, 현안 이슈 등의 정보 확인 사이트

7. LG 경영연구원

경제 전망보고서, 경제 트렌드 보고서 등 정보 확인 사이트

PART 4

5천만 원으로 시작하는
엄마의 투자 일지

임진희

워킹맘, 치위생사 경력 20년
소액으로 아파트 내 집 마련 및 월세 수익 창출
돈 관리 성공을 위한 가계부 노하우 공유

워킹맘 20년,
아프기 시작하다

"임 실장님은 월급 많아서 좋겠어요~"

"임 실장은 여기서 오래 일한 거 같은데 월급도 많겠네~"

"임 실장은 월급이 한 500 되나?"

주로 후배나 고객들이 나에게 묻는 질문이다. 나의 경력만큼이나 급여도 상당히 많을 거로 생각한다. 하지만 우리 업계는 대략 10년 기점으로 부수입이 있지 않은 이상은 한 직장에서의 급여는 더 이상 오르기 힘들다. 요새는 자주 이런 생각이 든다.

'나는 내 급여보다 항상 더 많은 일을 하는 거 같은데.'

'내가 고객에게 받는 스트레스와 내 업무에 대한 책임감을 생각하면

500만 원도 적은 거 아닌가?

물론 이 직장에서 받은 급여로 결혼하고, 차 사고, 전세를 얻고, 아이들을 키우고 하는 점에서는 매우 감사하게 생각한다. 하지만 내 능력에 비해서 급여가 적은 거 같다는 생각이 자꾸 드는 것은 왜일까?

한 직장에서 20년 가까이 근무를 하다 보니, 다람쥐 쳇바퀴 같은 생활에 뭔가 의문이 들기 시작했다. 3년 정도를 무기력하게 보냈다. 그리고 슬럼프가 찾아왔다. 한 직장에서 20년 정도를 근무하니 일을 잘하는 건 당연하지만 잘 오르지 않는 월급, 마음대로 쓰기 어려운 휴가, 육아 등 마음속에 의문들이 문제로 드러나기 시작했다. 나는 그 문제들을 한참 풀지 못했고, 가슴속에 계속 쌓고 또 쌓아두기만 했다.

그렇게 한 6개월이 지날 무렵, 얼굴 한쪽에 갑자기 마비 증세가 왔다. 그동안 쌓인 직장 트레스가 '구안와사'로 표출이 되었다. 흔히들 이야기하는 '번아웃 증후군'이 온 것이다.

회사에 가는 것이 두렵고, 집중이 잘 안 되고, 직장동료와 고객에게 수시로 짜증이 났다. 종일 피곤하고 가슴도 답답하고. 구안와사가 올 정도이면 당연히 쉬어야 하지만, 매달을 빠듯하게 보내는 나로서는 다음 달 카드값이 겁나서 엄두도 안 날 일이었다. 집과 직장생활이 고작이었는데, 직장생활 18년 만에 북 울림 유튜브를 통해 '월급 노예'라는 말을 처음 접해봤다. '월급 노예'였던 나는 목에 쇠사슬이 묶여있는 그 그림을 아주 오랫동안 쳐다보고 있었다. 말로 표현하기 힘든 큰 충격.

세상의 모든 워킹맘이 그렇듯이 아파도, 쉬고 싶어도 내 맘대로 하기가 어렵다. 슬픈 현실이다. 나는 두 아이의 출산휴가를 제외하고는 제대로 쉬어 본 적이 없다. 일 중독이었고, 아이들 학교 참석보다, 집안일보다, 직장 일이 우선일 정도였다. 퇴직할 때까지 열심히 일만 할 뻔했는데, 다행히도 신은 나에게 돈에 대한 시련을 주셨다. 안면마비가 오기 6개월 전부터 회사 가는 것이 너무 싫어서 제발 좀 아프게 해달라고 간절히 기도한 적도 있었다. 그런데 막상 아프고 보니 다음 달 카드값이며, 보험료며 이것저것 빠져나갈 돈이 한두 푼이 아니었다. 차마 휴직을 쓴다는 이야기가 나오지 않았다. 집에서도 회사에서도.

그때 이런 생각이 들었다. '이제까지 돈을 못 모으고 뭘 했지? 나한테는 돈이 왜 이렇게 없지?' 자괴감이 들었다. 돈에 대한 자존감이 바닥까지 내려갔다. 더군다나 돈 관리는 내가 하는데 남편에게 내색도 할 수 없었고, 시부모님과 같이 사는 상황인데, 어른들께도 말을 할 수가 없었다. 매일 우울함의 연속이었다. 그렇게 우울한 날이 반복되고 있던 날들의 어디쯤 이렇게 살아서는 안 되겠다는 생각이 들었다.

'이제 돈에 대한 자존감이 바닥을 쳤으니 올라갈 일만 남았겠다.'
'이제부터 시작하면 돼.'

내 마음이 외치고 있었다. 우울하기 전 씩씩한 나답게.
이날을 계기로 돈에 대해 부자에 대해 간절해졌다. 경제 유튜브를 찾아보고, 재테크 강의를 듣고, 동기부여를 주는 멘토를 찾기 위해서 여러 강의를 들었다.

내가 돈을 모으지 못한 이유도 생각해봤다. 어렸을 때부터 돈 얘기하면 못쓴다는 밥상머리 교육이 가장 컸고, 우리 집이 가난해서(가난했지만 불행하다는 생각을 해 본 적은 없다) 학습지도 못 해줄 형편이어서, 어른이 되면 '꽉꽉' 써야지 하는 마인드로 살았기 때문이다. 또 돈을 모으지 못했던 이유는 첫째 아이의 아토피였다. 첫째 아들은 유치원 때부터 초등학교 4학년까지 아토피로 고생했다. 눈 주위는 손으로 긁어서 항상 빨갰고, 밤이면 1~2시간 간격으로 깨서 긁기 시작했다. 아침이면 아이 손톱에 피가 고여 있고, 다리 뒤에는 늘 긁은 손톱자국이 있었다. 아토피에 좋다는 민간요법, 식이요법, 한의원 치료 등 해 보지 않은 것이 거의 없을 정도로 아토피에 많은 것을 쏟아 넣었다. 정성도 많이 쏟아부었지만, 돈도 참 많이 들어갔다. 이때는 재테크보다 아이의 한약값, 병원비, 약값, 로션 등에 많은 돈이 들어갔다.

필요한 걸 다 사게 되면 돈은 늘 부족했다. 항상 아이들 것과 남편 것을 먼저 사고, 내가 사고 싶은 물건의 순서는 항상 마지막이었다. 누가 시킨 것도 아니고 스스로 그렇게 했었는데도 어느 순간 화가 치밀어올랐다. 우리 집에 돈이 넉넉하다면? 그때는 이런 고민을 할 필요가 없겠지? 그래서 더 부자가 되고 싶었다.

40년, 50년 후의 노후를 생각하면 아직은 늘 두렵다. 그만큼 노후 준비가 안 되었다. 그래서 어느 정도 선까지는 돈 공부를 해서 자산을 불려야 함을 절실히 느끼고 있다. 직장생활을 오래 하다 보면 반드시 '번 아웃'은 오게 되어 있다. 그래서 투자를 해야 되고 멈추어서는 안 된다. 가장 큰 투자 목적은 경제적 자유를 이루는 것이지만 많이 아파본 이후로는 '운동' 역시 멈추어서는 안 될 투자라는 걸 알게 되었다. 그래서 혹시나 올지도 모를 다음 번아웃을 예방하기 위해서 대비해야겠다는 생각이 들었다.

나의 번아웃을 대비한 행동 지침 4가지

1. 하루 5분 운동(스트레칭)하기
2. 나의 마음 건강을 위해서 긍정 확언하기
3. 부정적인 생각이 들 때면 심호흡하고 긍정적인 마음으로 전환하기
4. 감사하기

이 네 가지를 매일 실천한 후로 아직 번아웃은 오지 않았다. 그동안은 돈과 투자, 건강에 대해 별생각 없이, 되는대로 살았지만 이제는 투자 못지않게 건강관리도 실력임을 알게 되었다.

나에게도 선택할 자유가 있다 – 쉼, 퇴사, 부자

'나는 직장 생활을 하면서 얼마나 많은 자유를 누리고 살까?'

'평일 아이 학부모 교육은 언제쯤 참석할 수 있을까?'

'내일 당장 쉬고 싶은데 쉴 수 있는 자유가 얼마나 있을까?'

'직장에서 일주일 동안 휴가를 쉽게 낼 수가 있나?'

최근에 내가 자주 생각하는 것들인데, 나는 40대의 어느 시점까지는 현실에 순응하는 삶을 살았다. 돈에 대한 자존감이 바닥을 치기 전까지는…. 이후 어느 순간부터 나는 내 인생에서 선택권이 얼마나 있을까?라는 생각이 자주 들었다.

아이 유치원에 행사가 있을 때, 초등학교에서 평일에 하는 학부모 프로그램이 있을 때, 내가 아플 때, 가족이 아플 때, 친정에 가고 싶을 때, 여행을 가고 싶을 때 등 나는 얼마나 자유롭게 쉴 수 있는 선택을 할 수 있을까?

직장 다니면서 자유롭게 쉰다는 것은 아무리 생각해도 '쉽지 않다'는 결론이다.

며칠 동안 여행이라도 갈라치면 눈치도 보이고 해야 할 사전 작업들이 많다. 동료에게 인수인계를 해야 하고, 여행 다녀온 후로도 일이 가득 쌓여있어 1~2일 정도는 일 처리로 정신이 없어 여행의 즐거움은 어느새 온데간데없다.

남편도 나와 크게 다르지 않은 주5일 직장인이다. 나나 남편이나 아침 9시부터 6시까지 온전히 하루 종일을 회사에 투자한다. 나의 시간을 급여와 바꾸는 시간들이 반복된다. 어떨 때는 직장에서 받는 스트레스와 일들을 집에까지 가지고 올 때도 있다. 남편은 평일에 8, 9시에 오는 일이 다반사다. 남편의 자유는 오직 토, 일에만 있는 듯이 보인다. 평일에는 본인이 좋아하는 유튜브를 보든, 경제 공부를 하든 그것이 스트레스를 푸는 방법이라고 했다. 월요일 아침만 되면 남편은 5분 정도를 멍하니 앉아 있다가 출근한다.

'월요병'

이런 남편을 보면서도 생각한다. 캠핑을 좋아하는 남편과 캠핑카를 타고 50~60에는 전국을 돌며 캠핑할 수 있는 삶, '월요병' 없이 즐거운 일들을 할 수 있는 삶을 살고 싶다고. 그런데 어떻게?

친정 부모님은 70대이다. 부모님 또한 아직 경제적 자유를 이루지는 못하셨다. 물론 농사를 지어서 4남매를 키우셨으니 존경스럽고 대단하신

부자의 공부법

분들이다. 이제 삶을 누리실 때도 됐는데 아직 농사일을 놓지를 못하신다. 아빠는 돈이 걱정이라고 하셨다. 다행히 몇 년 전에 빚을 다 갚았고, 마음의 여유는 있는데 돈 걱정을 하신다. 밭을 팔아서 노후자금으로 쓰면 충분할 것 같은데, 땅값이 똥값이라며 엄두도 내지 않으신다.

시부모님은 자영업을 하신다. 시간은 어느 정도 자유로우시지만, 아직 돈에서는 자유롭지 못하다. 그나마 자식 도움 없이 스스로 경제적인 문제는 해결하셔서 참으로 감사하다. 두 분은 정말 알뜰하고 배울 점이 많지만, '경제적인 자유'의 문제는 남아 있다.

'돈' 걱정을 하지 않는 삶은 어떻게 가능할까? 이 질문이 나를 따라다닌다. 평범한 직장인에서 또는 무일푼에서 시작해서 백만장자가 된 여러 사례들을 찾아보면서 '경제적 자유'의 가능성을 알게 되었다.

'경제적 자유'를 달성하면 어느 정도의 자유가 주어지고, 선택의 폭이 더 넓어지고, 직장생활을 벗어나서 더 넓은 세계를 경험할 수 있다는 것을 알게 되었다. 그래 바로 '경제적 자유'를 달성하면 되는 거였다.

네이버 백과사전에 의하면, '경제적 자유'는 경제생활에서 각 개인이 스스로의 의지로 행동할 수 있는 자유를 말한다. 내용이 뭔가 어렵긴 하지만 어떤 것에도 구애받지 않고 내 의지대로 결정할 수 있는 것이라고 생각한다.

경제적 자유는 시간으로부터의 자유, 돈으로부터의 자유, 내가 하고 싶은 것을 할 수 있는 자유 등이다. 나의 기준으로 금전적인 면에서는 나와 남편의 수입만큼 매월 일정 금액의 현금이 발생하게 만드는 것이다.

그런 자유를 찾기 위해 '경제적 자유'를 검색해서 관련 책을 읽고 유튜브를 훑어봤다. 책을 읽을 때도 감동이 있는 부분, 배울 부분은 밑줄을 긋고 또 긋고, 가슴에 새기면서 흡수했다. 특히 나와 입장이 비슷한 워킹맘으로 시작해서 부자가 된 사람들, 현재 투자를 하고 있는 분들을 찾게 되었다. 독서와 유튜브와 카페 활동을 어느 정도 한 이후로는 오프라인 강의를 듣고, 다음은 실전투자로 이어지게 되었다.

수많은 투자 중에서 내가 선택한 영역은 '부동산 투자'였다.

나는 지금도 혼돈의 시기를 지나고 있다. 언제 경제적 자유를 달성할지, 언제 부자가 될지 모르지만, 그냥 시간이 흘러가는 대로 살지 않기로 작정했고, 내가 원하는 미래를 꿈꾸고 개척해나가기로 했다.

내가 50억 자산가가 되는 시기는 50세,
내가 세계여행을 갈 시점은 퇴사로부터 3년 뒤.

그러기 위해서 종잣돈을 모으고, 내 집을 마련하고, 투자로 현금흐름을 만들었고, 나보다 앞서간 그분들의 마인드를 습득하고 있다. 종잣돈은 많으면 많을수록 좋지만 나는 그러하지 못했다. 그래서 처음 투자 때 부족한 돈은 마이너스 대출과 신용대출을 이용했다. 그때는 가슴이 두근거리고 불안했지만 철저한 공부를 통한 투자라 문제는 생기지 않았다.

돈이 없어서 투자를 못 하기보다는 어떻게 하는지 몰라서 못 하는 경우가 더 많지 않을까 싶다.

성공한 워킹맘 롤모델 찾기

돈에 대한 자존감이 바닥을 치고 '돈 공부'를 해야 하겠다는 생각이 들었을 때는 무엇부터 해야 할지 막막했다. 유튜브와 책을 자주 봤고 카페 활동을 하면서 예를 찾아 나갔다. 물론 처음 돈 공부를 시작할 때부터 롤모델을 찾아야겠다는 생각은 하지 않았다. 시작을 어떻게 해야 할지 모르겠고 마음은 조급한데 강의를 듣고 유튜브를 보면 볼수록 뜬구름 잡는 기분이고 언제 어떻게 시작해야 하나 불안한 생각이 들었다.

누군가가 옆에서 조금만 방향을 잡아줘도 잘할 것 같았다. 부자가 되고 싶은 마음만큼 소위 '멘토'의 필요성도 절실하게 느꼈다. 실제 만나기 어려운 멘토들을 책에서도 만났지만, 직접 나에게 말을 걸어주고 코칭해줄 수 있는 선생님이라면 더 좋을 거 같았다. 내 인생을 바꿀 수도 있는 배움이기에 매우 진지했다.

나의 경우, 나와 비슷한 상황에서 경제적 자유를 이룬 분으로 범위를 좁혀 찾아보기 시작했다. 너무 큰 부자는 내가 압도당해서 따라 하기도 어렵고, 내가 도전할 분야에서 10~20배 정도 자산을 일군 분이면 그래도 따라 할 수 있지 않을까 싶었다. 무엇보다 나처럼 너무나 평범하게 시작해서 수십억 원의 자산가가 되었다니 어떻게 그럴 수가 있는지, 어떤 과정을 거쳐서 결과가 나왔는지 너무 궁금했다.

나의 멘토 찾기 과정은 대략 이랬다.

1. 책을 통해서 돈과 관련해서 내 마음을 움직인 분
2. 블로그, 유튜브를 통해서 공감할 수 있고, 수준 높은 지식을 전달해 주는 분
3. 직접 강의를 듣고 생각과 지식 굳히기

'경제적 자유'를 달성한 선생님의 강의를 섭렵했고, 노트에 필기하고 복기하고를 반복했다. 네이버 카페에 들어가 성공 후기 등을 읽어보고, 자신감을 키우면서 카페 활동을 했다. 유튜브 강의를 들을 때도 마음속으로 '저는 선생님을 만나고 싶어요.'라는 간절한 마음으로 댓글도 달았다. 오프라인 강의는 서울이든, 대전이든 시간을 내서라도 찾아갔다. 저자의 책을 들고 가 사인을 받기도 했다. 그분들의 강의를 들을 때는 되도록 맨 앞줄에서 들었고, 한마디도 놓치지 않으려고 필기도 하면서 집중했다. 그 가슴 떨림의 기억이 아직 눈에 선하다.

2019년 당시 김미경 대표님의 강의를 자주 들었다. 김미경 텔레비전에서 재테크 내용을 접했는데 섬네일과 내용들이 귀에 쏙쏙 들어왔다. 다음 강의가 기다려졌고, 추천하는 책도 거의 읽어보았다. 그렇게 시작된 롤모델은 뉴리치연구소 대표 '이지영' 멘토님이다. 이지영 대표님의 '뉴리치 부자학' 유튜브 채널을 구독하고 더 많은 영상을 시청하면서 재테크 지식을 쌓았다.

가끔 직장에서 멘토를 찾으려고 하는 사람들이 있는데, "NO!"라고 이야기해주고 싶다. 직장에서의 재테크 수준은 다 고만고만하다. (물론 예외도 있을 것이다.) 전문가의 수준으로 나를 이끌어줄 누군가를 찾기는 매우 어렵다. 나만 해도 그렇다. 매우 알뜰하게 사는 주부는 있어도, 주식으로 약간의 손익을 본 사람은 있어도 내가 배우는 분야에서 폭넓게 알려줄 수 있는 사람은 없다. 그래서 성공하려면 만나는 사람을 바꾸든지, 장소를 바꾸라는 말도 있다. 처음에는 잘 이해가 가지 않았는데, 막상 공동의 목표를 가진 사람들을 만나고 공부하니, 아~ 하는 소리가 절로 나왔다.

내가 부자가 되고 싶은 절실한 동기가 생기면 그때부터는 날개 돋친 것처럼 행동이 앞서가게 된다. 그 사람의 책이든, 유튜브든, 블로그든. 나는 처음에 그렇게 롤모델을 찾았다.

유튜브 활용

유튜브에 관심사 검색을 치면 수많은 유튜버가 나온다. 이 중에서 10~20명 정도 유튜버를 찾아 내용을 본다. 방대한 양의 유튜브를 보다 보면서 충분히 내용이 좋고 공감이 가는 그런 분을 만날 수 있을 것이다. 요점 내용은 반복해 듣고, 무엇보다 '나는 당신의 팬이다'라는 것을 부각할 수 있게 정성스러운 댓글을 매번 단다면 그 사람을 만날 가능성은 더 빨리 찾아온다.

부자의 공부법 유튜브 리스트

1. 김미경 TV - www.youtube.com/@MKTV

   자기 계발, 교육, 동기 부여, 트렌드 등 다양한 분야 우수 콘텐츠 제공

2. 경제 읽어주는 남자 - youtube.com/@LetUReadEconomy

   경제 전망, 동향, 트렌드, 산업 동향 등 다양한 분야 우수한 콘텐츠 제공

3. 스터디언 - youtube.com/@studian365

   도서, 자기 계발, 동기 부여, 트렌드 등 다양한 양질의 콘텐츠 제공

4. 매일 경제 TV - www.youtube.com/@MKeconomy_TV

   매일 경제 신문 및 매경 미디어 그룹의 경제, 증권 등 프리미엄 콘텐츠 제공

5. 하우투 - youtube.com/@invest_haru/videos

   하루 중 잠시만 우리에게 투자한다면 일어나는 변화를 위한 자기 계발 콘텐츠 제공

6. SBS Biz 뉴스 - www.youtube.com/@SBSBiz2021

   경제 전문 채널로서 경제, 증권, 시사, 재테크 등 프리미엄 콘텐츠 제공

7. 전인구 경제연구소 - youtube.com/@moneydo

   주식, 경제 동향, 트렌드, 산업 동향, 기업 정보 등 우수한 콘텐츠 제공

8. 이지영 뉴리치 부자학 TV - youtube.com/@user-rb7tb5io3z

   재테크, 부동산, 재무 관리, 자기 계발을 위한 양질의 콘텐츠 제공

9. 복덕방 기자들 - www.youtube.com/@bok_reporter

   부동산 재테크 관련 이슈, 이데일리 미디어 영상팀 제작 양질의 콘텐츠 제공

10. 조성희 마인드파워 - youtube.com/@LifeSuccessKorea

　행복한 부자가 되기 위한 마인드파워 우수한 콘텐츠 제공

11. 행복부자샤이니 - youtube.com/@HappyRichShiny

　행복과 부, 마음 공부 등의 주제로 자기 계발 양질의 콘텐츠 제공

12. 김새해 TV - youtube.com/@saehaekim

　책을 통한 성장을 꿈꾸는 사람들을 위한 우수한 콘텐츠 제공

13. 김주하 TV - youtube.com/@juha-hyogwa

　비즈니스의 성장과 성공을 위한 고급 콘텐츠 제공

14. 월급쟁이부자들 - www.youtube.com/@weolbu_official

　부동산, 자기 계발, 노후 준비를 위한 경제 분야 양질의 콘텐츠 제공

15. 행크 TV - www.youtube.com/@hank_tv

　부동산과 창업 각 분야 성공 노하우 등 양질의 콘텐츠 제공

16. 북극성주 TV - www.youtube.com/@북극성주

　부동산, 경매, 투자를 위한 재테크 관련 우수한 콘텐츠 제공

17. 부읽남 TV - youtube.com/@buiknam_tv

　부동산, 자기 계발, 투자를 위한 재테크 분양 양질의 콘텐츠 제공

18. 박세니마인드코칭 - www.youtube.com/@senny_park

　심리, 성공, 마인드 등 멘탈 강화를 위한 양질의 콘텐츠 제공

19. 강과장 - youtube.com/@user-iy8mp3yq5i

　절약, 소비, 일상 등 자본주의 생존기라는 모토하에 양질의 콘텐츠 제공

20. 스마트튜브- www.youtube.com/@ppassong

　부동산 투자, 경제, 재테크를 위한 양질의 우수한 콘텐츠 제공

21. 주언규 - youtube.com/@joo_pd

　비즈니스, 유튜브, 자기 계발 관련 양질의 콘텐츠 제공

22. 재테크하는 아내, 구채희 - youtube.com/@koochaehee

재테크, 경제, 자기 계발을 위한 양질의 콘텐츠 제공

23. 김짠부 재테크 - youtube.com/@zzanboo

절약, 경제, 자기 계발을 위한 콘텐츠 제공

24. 유근용의 투자공부 - youtube.com/@read-action

경매, 공매 등 부동산 투자 관련 콘텐츠 제공

25. 존리 라이프스타일 주식 - youtube.com/@johnleeschool

주식, 경제, 금융, 투자 관련 경제 분야 우수한 콘텐츠 제공

26. 삼프로 TV - www.youtube.com/@3protv

시사, 경제, 산업, 부동산, 투자 핵심 이슈 등 경제 프리미엄 콘텐츠 제공

27. 오드리 TV - youtube.com/@ohdleetv

부동산, 투자, 건물 매입 및 디벨롭 등 부동산 양질의 콘텐츠 제공

28. 단희 TV - youtube.com/@danheetv

자기 계발, 노후 준비, 부동산 투자 등 우수한 콘텐츠 제공

29. 신사임당 - www.youtube.com/@x신사임당

투자, 자기 계발, 금융, 부동산 등 우수한 콘텐츠 제공

30. YES24 - https://www.youtube.com/@yes24_official

"읽는 당신에게 상상의 우주를"이라는 모토하에 도서 소개 고급 콘텐츠 제공

31. VORA 보라 - www.youtube.com/@VORA_KYOBO

자기 계발, 심리, 재테크 등 다양한 분야의 책과 강연 고급 콘텐츠 제공

32. 책읽는 다락방 - www.youtube.com/@user-bu1ix1kl1u

인문학, 에세이, 소설 등 바쁜 현대인들이 쉽게 책을 접하도록 콘텐츠 제공

33. 책읽기 좋은날 - www.youtube.com/@ReadingGoodday

현대인들을 위한 다양한 분야의 도서를 직접 리뷰 낭독하여 양질의 콘텐츠 제공

34. 책과 삶 - www.youtube.com/@책과삶

책을 통하여 지식과 감동을 전하기 위하여 도서 소개 양질의 콘텐츠 제공

35. 소리 내어 읽다 - www.youtube.com/@SODA-Reading-Voice-ASMR
독서를 통한 성장과 치유를 위한 우수한 콘텐츠 제공
36. 책추남TV - www.youtube.com/@booktuber
독서를 통한 변화와 성장을 위한 도서 리뷰 및 저자 인터뷰 등 양질의 콘텐츠 제공
37. 100억 종이 - https://youtube.com/@10billion_paper
자기계발, 부자학, 사업 등 부와 성공 관련 우수한 양질의 콘텐츠 제공

책 활용

유튜브에서 또는 카페나 블로그에서 영감이 가는 글이나 사람을 만났다면 그의 글을 모조리 읽어보라. 어느 정도 인지도가 있는 분이라면 책을 냈을 것이다. 책을 읽고 강의 때 질문할 기회가 생기면 그 책의 내용은 적용해서 질문을 한다면, 나를 다르게 볼 것이다.

강의

온라인강의나 오프라인 강의를 듣는다. 중요한 것은 거기서 배운 것을 한가지라도 실천을 해 봐야 한다는 것이다.

'경제적 자유'를 위해서 멘토를 찾아서 배운다는 것은 목적지에 더 빠르게 갈 수 있음을 의미한다. 혼자서 하면 지치고 힘들면 그만두거나 미뤄두기 마련인데, 멘토는 나에게 채찍질을 해주는 존재이고, 어디로 가야 하는지 방향을 알려준다. 내가 볼 수 있는 시야보다 더 폭넓게 볼 줄 알고, 크게 실패하지 않는 가이드를 제시해준다. 무엇보다 나의 '성장'에 대해서 염려해주고 도와준다. 멘토가 있다는 건 얼마나 멋진 일인가!

새는 내 돈 찾기 위한 가계부

1. 감정 소비 줄이기

어릴 때 우리 집은 농사를 지었고, 불행한 건 아니었지만 약간 가난했다. 그래서 그때 '어른이 되면 내가 사고 싶은 것을 다 사야지.' 하는 마음이 있었고, 직장생활 첫 급여가 120만 원 정도였는데 나에게는 난생처음 받은 너무 큰돈이라 정신을 못 차리고 사고 또 사 모았다. 그렇게 소비에 초점을 맞춘 20대를 보내다가 30대 초에 결혼했는데 돈이 잘 모일 리가 없었다. 결혼 초에는 거의 8~9시간을 직장에서 보내는 터라 전셋집에 살아도 큰 불편함이 없었고, 집에 대한 욕심도 크게 없었다. 오죽했으면 결혼하기 전에 내 별명이 'ㅇㅇㅇ의 열린 지갑'이었겠는가. 여기서 ㅇㅇㅇ은 나의 직장명이다. 후배에게 밥과 커피를 잘 사는 선배, 회식하고 나면 택시비도 척척 주는 선배였지만 정작 나의 지갑은 텅텅 비어 있기 일쑤였다. 문구점은 단골 가게였다. 스트레스가 심한 날이면 가까운 백화점에 가서 뭐라도 사야 마음의 위안이 되었다. 이것만 보더라도 내 돈이 술술 새는 이유를 알 수 있을 것이다. 바로 나의 감정과 관련된 '감정 소비' 이다.

결혼을 하면서 차도 사고, 전세로 살다 7년째에 시댁과 합가를 하면서 그동안 모아놓은 약 7천만 원가량의 돈을 다 썼다. 맞벌이를 했지만, 시부모님에게 드리는 양육비에 주택담보대출 등 빠듯했다.

첫째 아이가 다섯 살 될 무렵부터 초등학교 4학년까지는 아토피가 무척이나 심했다. 하루하루가 일 년같이 느껴지던 때이다. 재테크보다 우리 아이의 치료가 우선순위였다. 언제 끝날지 모를 그 기간이 정말 갑갑하고 길게만 느껴졌다. 카드 할부를 해서라도 아토피 한의원, 아토피 로션, 만 갑 요법 등 아토피에 좋다는 건 뭐든 다했고, 아토피 치료로 한 달에 나가는 돈만 최소 50만 원 정도였으므로 부담이 되지 않을 수 없었다. 적금 등은 생각할 수도 없는 처지였다. 그래도 사랑하는 아들인데, 아깝지 않았다. 내가 집에 없을 때는 어머님이 돌봐주셨는데, 지금 생각하면 정말 감사한 일이다.

4학년 정도 되었을 때는 어느 정도 면역력이 생겨서인지, 눈 주위에 빨간 것도 없어지고, 피부 상태도 좋아지기 시작했다. 이때까지 나의 통장 잔고는 늘 바닥이었고, 바닥이다 못해 월급날만 지나면 거의 마이너스 상태로 그다음 달까지 유지됐다. 그렇게 몇 달을 지내다 보니 돈에 대한 자존감이 바닥날 무렵 돈에 대해 진지하게 생각해볼 타이밍이 생겼다.

'감정 소비'가 마음속에서 꿈틀댈 때 나는 이것을 기준으로 생각한다. '이거 나한테 꼭 필요한가?' '대체품이 있는가?' '사서 금방 버려질 물건은 아닌가?' 등으로 판단한다.

2. 중복된 보험 정리하기

'보험'은 미래에 예측할 수 없는 재난이나 사고의 위험에 대비하고자 생긴 제도다. 굳이 설명이 필요 없다. 하지만 어느 범위까지 가입해야 하는지는 늘 숙제였다.

처음 직장생활을 시작할 때 친척 언니 보험설계사의 권유로 내용도 잘 모른 채 가입했다. 한 달에 6~7만 원 정도였는데 큰돈이었다. 몇 년 못 가서 해지했다.

결혼 초 우리 집의 보험료는 거의 100만 원에 육박했다. 실비보험, 화재보험, 운전자 보험, 변액유니버설 보험, 종신보험, 연금 보험 등 수입에 비해 엄청난 액수였다. 나에게 어떤 보험이 필요한지 정확히 알아보지도 않고 보험설계사의 달콤한 말만 듣고, 가입부터 하고 봤다. 그리고 돈이 궁할 때면 해약하기를 반복.

어느 순간 믿을 만한 보험설계사를 찾기가 쉽지 않았다. 내 보험에 대해서 좀 더 정확한 분석을 하고 싶은데, 검색해 보니 '보험 리모델링'이 있었다. 인터넷 창에 '보험 비교' 또는 '보험 리모델링'을 검색하면 보험사 리스트가 뜬다. 이 중 몇 군데(최소 3~5곳) 보험사를 정해서 나의 보험에 대해서 문의해본다. 나의 현재 보험 현황이나 부족한 부분, 궁금한 부분에 관해서 설명을 해준다. 물론 보험사의 목적은 보험 가입이겠지만, 객관적으로 내 상황을 분석해준다.

보험은 미래에 생길 재난을 대비해서 가입하는 거라 필요 없는 상품이라고 말하는 이는 있으나, 암에 대한 가족력이 있거나 질병에 걸렸을 때 당장 앞길이 막막하다면 최소한의 보험은(실비보험, 암보험 등) 필요하다고 생각한다.

3. 예산 세우기

'예산 세우기'에 앞서 먼저 내가 어디에 어떻게 지출하고 있으며, 얼마의 금액이 내 통장에서, 내 카드에서 빠져나가고 있는지 파악해야 한다.

10여 년 동안 월급날 내 통장 잔액은 거의 '0'이었다. '0'의 숫자에 의문을 가진 적도 거의 없었다. 문제는 나조차도 내 보험료가 얼마나 빠져나가는지, 내가 어디에 지출을 가장 많이 하는지 등을 모른다는 것이었다. 너무나 긴 세월 동안 외면하고 살았기 때문에 들여다볼 엄두조차 나지 않았다. 엄두가 나지 않지만, 문제와 마주해야 풀 수 있다.

과도한 카드값에 허덕이고 있다면, 통장 잔액이 '0'이라면, 힘들더라도 내 지출을 들여다볼 결심을 먼저 해야 한다. 먼저 종이 한 장과 볼펜을 꺼내 들어라. 카드 내용서와 통장 내용을 보면서 내 돈이 어디로 빠져나가고 있는지 적어본다. (대략 3개월 치를 본다.)

큰 틀은 고정지출(주택담보대출 상환 원리금, 월세, 수도 요금, 가스요금, 전기요금, 아파트관리비, 의료보험, 실손보험 등 보험료, 교육비), 변동지출(식비, 외식비,

휴대폰비, 의복비 등), 계절성 지출(자동차세, 재산세, 명절 부모님 용돈 등)로 나눠 보고, 먼저 줄이기 쉬운 변동지출 부분에서 특히 많이 쓴 항목을 찾아본다. 나의 경우 '감정 소비'와 관련된 옷과 신발, 후배들에게 수시로 사주는 간식과 커피값이 지나치게 많았다. 일주일에 3일은 작정하고 무지출데이를 해 보고, 한 달 기준으로 목적 달성을 했으면 나에게 자그마한 보상을 해준다.

나 혼자 하기 힘들다면 여럿이 함께하면 된다. 회사 사람과도 상관없고, 친구와도 상관없다. 또 다른 방법은 같은 목적을 가진 사람들과 일정 기간에 한 프로그램에서 같이 활동을 하는 것이다. 경험한 바에 의하면 여럿이 함께하면 의욕도 생기고 서로 동기부여도 된다.

그런 다음 우리 집 예산을 세워본다. 가장 중요한 개념은 '선저축 후지출'이라는 개념이다. 4인 가족인 우리 집은 급여소득만으로 50%를 저축하는 것이 현실적으로 힘들다. 그래서 최소 10~20%는 선저축을 하고 그다음 지출을 하게 된다. 부자가 되어야 하는 나는 급여의 10%는 나 자신에게 투자하고 있다.

40대에 시작한 투자
아직 늦지 않았다

"당신이 되고 싶었던 어떤 존재가 되기에는 지금도 결코 늦지 않았다."

- 조지 엘리엇

40대 초에 '돈 공부'에 대해서 절실함을 느끼고, 정말 적었던 나의 돈과 신용대출을 이용해서 '내 집 마련'을 하고 작은 소형 아파트 투자까지 하는 경험을 했다.

처음 내 집 마련을 경매로 할 때는 남편에게도 알리지도 못한 채 진행하다가 대출서류에 배우자 도장이 필요한 시점에 '투자'와 '경매' 이야기를 꺼냈다. 처음 부동산 공부를 하던 나에게 남편의 반응은 예상대로였다. "정말 대단해."라는 말은 온데간데없고, "당신이?" "그거 위험한 거 아니야?" "잘 알아보고 하는 거 맞아?" 등의 질문이 한동안 계속됐고, 내 지인들 또한 걱정 가득한 모습으로 나를 바라봤다. 시부모님과 같이 살 때, 법원에서 온 우편물을 보고 시어머님과 시아버님께서 놀라셔서 며칠 동안 묻지는 못하시고 걱정스러운 얼굴로 보셨던 기억이 아직도 눈에 선하다. 몇 주간 좀 괴롭기는 했지만, 아파트 가격이 오르고 나서야 남편과 가족들의 의심 가득한 질문이 사라졌다. 두 번째 투자 또한 마찬가지로 100% 신뢰받기는 어려웠고, 남편의 20% 정도 신뢰도를 가지고 전진했다. 무엇보다 아파트를 싸게 사서 월세 소득을 마련했다. 당시, 나를 힘들게 했던 건 남편의 신뢰를 얻지 못한 것도 있었지만 처음 배우는 거라 너무 미숙한 부분에서 생기는 물음표들이었다. 하지만 '절실함'이 마음속에 가득한 때라 절대로 물러설 수 없었다. 힘겹지만 한 발 한 발 내딛고 나아갔다.

남편이 나를 잘 믿어주지 못하고, 가족들의 걱정과 염려가 있는 건 당연하다. 내가 공부하는 모습을 남편에게 자주 보여준 적이 있었던가? 내가 신문 보는 모습을 가족들에게 보여준 적이 있었던가? 한 번이라도 밤샘 공부하는 모습을 보여준 적이 있었던가?

이런 모습을 남편이 자주 봤다면 신뢰도를 얻을 가능성은 커진다. 나의 동료 한 명도 남편에게 신문 보는 모습을 매일 보여줬더니 어느 순간 신뢰도가 높아졌음을 느낀다고 했다.

'엄마들이여 공부하는 모습을 자주 보여줍시다!'

바로 앞도 내다보기 어려운 투자의 세계에서 궁금한 점과 해결해야 할 부분들이 많았지만 '멘토'님의 도움으로 순조롭게 해결할 수 있었다. 확실히 앞을 내다볼 줄 아시고, 문제해결 능력이 뛰어난 부분, 나의 질문에 최선을 다해서 답변해주는 모습을 보고 이런 분이 멘토가 된다는 생각이 들었다.

투자할 때의 멘토님과의 대화 내용을 책으로 만들어서 아직도 보관 중이다. 그때의 코칭과 응원과 격려는 앞으로 나아가는 힘이 되어줬다. 참 감사하다. 아직도 가끔 이 책을 들춰보기도 한다.

40대란 나이만 생각하면 조급증이 자주 든다. 40대에 이렇게 뭔가를 해내기 시작하고, 이를 계기로 월급 노예 탈출을 할 수 있다는 '자각'만으로도 내 인생에서 얻은 큰 성과이다.

주위에서 모두가 걱정할 때 시작했고, 편견과 맞서서 앞으로 나아갔다. 그 결과 2채의 아파트가 결과물로 나타났다.

늦은 나이란 없다. 단지 내가 그렇게 생각할 뿐.

평범한 워킹맘이, 매달 급여 날이면 통장 잔액이 항상 '0'이었던 워킹맘이 지출 관리를 하고 수입을 만들어내고 있다.

내가 했는데, 이 글을 보는 여러분들이 못할 이유가 없다. 엄두가 나지 않는다면 성공한 사람들의 책 읽기부터 시작해보자. 나이는 크게 중요하지 않다. 제대로 된 방향성을 가지고 투자 공부를 한다면, 누구나 다 나만큼은 할 수 있다고 생각한다. 용기를 갖고 첫걸음을 내딛기를 응원한다.

부자 되려면 멘탈부터 강화하라

워킹맘 20년 차, 육아와 일을 병행하며 과로가 쌓이고 번아웃 증후군을 겪게 된 임진희 저자의 스토리는 월급의 노예로 살아가는 일반 직장인들의 지쳐가는 삶을 그대로 보여준다. 다만 차이가 있다면, 인생에서 가장 힘들었던 순간, 임진희 저자는 아픔을 극복하기 위해서 현실을 직시하고 멘탈을 강화하며 인생을 송두리째 뒤바꾸려 노력했다는 것이다. 임진희 저자는 번아웃 증후군을 겪은 후 '번아웃을 대비한 행동 지침 4가지'를 수립하였고 멘탈을 강화한다.

멘탈을 강인하게 관리하고 최상의 컨디션을 유지하는 것은 부를 이루는 데 매우 중요하다. 그 이유는 멘탈이 강할 경우, 어려운 상황에서도 본인의 목표를 달성하기 위하여 끝까지 노력하고 포기하지 않기 때문이다. 부자가 되기 위해서는 계획에만 그치는 것이 아니라 실전 투자로 이어지도록 해야 하는데 이를 위해서는 강인한 멘탈이 필요하다.

롤모델을 찾는 순간, 한 단계 더 도약한다!

투자의 귀재 워런 버핏은 『현명한 투자자(The Intelligent Investor)』라는 책을 읽고 가치 투자의 신봉자가 되었다. 그는 하워드 그레이엄에게 배우기 위해서 직접 컬럼비아대 경영대학원에 들어가는 열정을 보였고 그를 스승으로 모셨다. 위대한 사람들은 모두 자신보다 앞선 사람들에게 배우기 위한 방법을 찾아내려 노력하고 마침내 한 단계 도약하고 성장한다. 롤모델을 찾기 위한 첫 번째 방법은 책이다. 빌

게이츠는 "오늘의 나를 있게 한 것은 우리 마을의 작은 도서관이었다. 하버드 졸업장보다 소중한 것이 독서하는 습관이다."라고 말했다. 다양한 책을 읽으면서 롤모델을 찾으려고 한다면, 책이 나에게 길을 안내해줄 것이다.

나 역시 책을 통해서 자산을 쌓기 시작했다. 가장 처음 『부자 아빠 가난한 아빠』 책을 읽고 로버트 기요사키를 롤모델로 정했었다. 그리고 그의 책을 수없이 반복해서 읽고, 방송, 세미나 등을 듣고 배웠다. 임진희 저자의 노력은 책을 읽는 데서만 그치는 것은 아니었다. 노트에 빽빽하게 필기를 하고 유튜브 강의를 듣고 댓글을 남기고 소통을 하고 지방에서 서울까지 직접 강의가 있다면 직장에 연차를 내고라도 방문하는 정성과 노력까지 보이면서 진심으로 스승을 찾아 나섰다.

2019년 봄, 주말 오전 강남에서 재테크 세미나를 열었다. 주중 참여가 불가능한 직장인들을 대상으로 토요일 오전 10시에 '부의 추월차선'이라는 제목으로 재테크 특강을 열었었는데, 가장 앞자리에 눈을 반짝거리면서 집중하고 있던 분이 계셨다. 살짝 어두웠지만 결의에 가득한 표정이셨다. 스트레스와 과로로 직장을 쉬고 싶으셨지만 당장 소득이 끊기면 아이들 교육비를 충당할 수 없기에 그만둘 수조차 없는 힘든 상황이셨고, 대구에서 서울 강남까지 새벽 기차를 타고 오신 것이었다. 임진희 작가님이 쉬는 시간에 나의 『엄마의 돈 공부』 책에 저자 사인을 부탁하셨었는데, 그때 임진희 작가님의 눈망울을 보는데 내 마음이 눈물이 펑펑 날 것만 같았다. 그게 벌써 6년 전이다. 지금은 눈빛만 봐도 언니와 동생처럼 마음을 알 것 같은 소중한 인연이 되었다. 사람의 인연은 그렇게 시간과 함께 깊이가 더해진다.

6년이 지난 현재, 임진희 작가님은 직장 소득에만 의존하고 있던 과거와는 180도 달라지셨다. 브랜드인 e 편한 세상으로 내 집을 마련하셨고, 경매에 도전하셨고, 월세 소득을 창출하셨고, 직장을 다니며 투자 공부를 꾸준히 하고 계신다.

무엇보다도 이제는 워킹맘의 경제적 자유를 추구하시며 직장을 넘어서는 더 큰 꿈을 꾸고 계신다. 임진희 작가님의 밝은 미소가 너무나 아름답다.

워킹맘의 새는 돈 막아주는 3가지 방법

워킹맘으로 10년 이상을 일해도 통장은 늘 비어 있고 월급은 그저 통장을 스치고 지나가는 경우가 많다. 그 이유가 궁금하다면 임진희 작가님의 3가지 방법을 반드시 익혀야 한다. 감정 소비 줄이기, 중복된 보험 정리하기, 예산 세우기 등으로 새는 돈을 철저하게 방어할 수 있다. '선저축 후지출' 개념으로 저축을 하는 것을 권한다. 임진희 저자는 단돈 5천만 원으로 시작하여 재테크 실행까지 이루어나갔다. 임진희 저자의 '5천만 원으로 시작하는 엄마의 투자 일지'를 숙지하고 적용한다면, 당신은 누구보다도 빠르게 안정적인 재테크를 이루어나가게 될 것이다.

PART 5

전직 교사가 알려주는
학군지 맞춤
부동산 투자법

김소정

미술 교사, 미술치료사
청약 당첨으로 내 집 마련 후 부동산 투자 시작
현재 강남 및 판교 아파트 보유
자녀 교육과 시세 차익이라는
두 마리 토끼를 잡을 수 있는 학군지 투자 노하우 공유

7년 동안 5번의 이사

20대 후반, 주변 지인의 아파트 청약 당첨 소식을 들었다. 결혼 전이었기에 아파트 살 생각도 없었고 청약이 뭔지도 몰랐다. 나의 관심을 끌었던 건 다음 이야기다. 당첨된 아파트를 바로 2천만 원에 팔았다는 것이다. '이게 가능한 이야기야?' 2천만 원이면 지금도 큰돈인데 14년 전 어린 나이의 내게는 상상할 수 없는 액수였다. 청약통장만 있으면 된다는 말에 부모님께 여쭤보니 어렸을 때 만들어 둔 통장이 있었다. 이렇게 아파트 청약을 시작하게 되었다.

청약을 넣으면 바로 당첨되는 줄 알았다. 기대와 달리 매번 떨어졌지만 포기하지 않았다. 모델하우스 구경이 재밌었고 지역마다 경쟁률이 다른 점도 신기했다. 어느새 습관처럼 매일 아침 '아파트 투유(청약홈 이전에 사용했던 청약 사이트)'에 접속해 청약 일정과 경쟁률을 확인했다. 교

부자의 공부법

직 생활을 시작한 후에도 똑같았다. 출근하면 교무실에 앉아 어김없이 청약 사이트 접속을 시작으로 하루를 시작했다. 당첨으로 돈을 벌겠다는 꿈은 희미해졌지만, 부동산 공부는 계속되었다.

결혼 전 청약으로 내 집 마련을 할 수 있다 믿었다. 하지만 예상과 빗나갔다. 신혼집을 구하러 다니며 현실의 벽을 처음으로 느꼈다. 남편보다 일찍 출근하고 늦게 퇴근하는 날이 종종 있었기에 내 직장 근처로 집을 보러 다녔다. 내가 근무하던 학교는 학군지라 불리는 분당구에 있었다. 집 가격은 생각보다 훨씬 높았고 전세가도 대출을 받아야 가능했다. 신혼집을 구하려 돌아다녔던 2016년도는 '전세 대란'으로 줄 서서 집을 보러 다녔고, 보러 가던 중 계약이 되었다며 오지 말라는 전화도 몇 번 받았다. 교사라 비교적 적은 금리의 전세 대출금을 받아 힘들게 집을 계약했지만, '내 집'이 아니라는 허무함이 있었다. 그렇게 신혼 첫 집은 전세로 시작하였고 주변에 결혼하는 사람이 많아질수록 내 집으로 시작하는 친구들이 부러웠다.

결혼 후에도 청약 도전을 계속 이어갔다. 달라진 건 실거주를 위해 지역을 더 자세히 알아보고 실제로 살 수 있는지 고민한 점이다. 내가 살고 싶은 아파트 기준에 맞추다 보니 경쟁률이 항상 높았고 반복되던 탈락으로 당첨은 생각지도 못했다. 설레며 기다렸던 청약 당첨 발표날도 일상과 같아질 무렵, 남편과 탄천 산책 중 친언니의 전화를 받았다.

"너 아파트 당첨됐어!"

언니의 상기된 목소리가 아직도 선명하게 남아 있다. 당첨 소식을 들었지만 믿지 못했다. 당첨자 확인 때마다 보았던 빈칸에 내 이름과 연락처가 있는 것을 본 후에야 비로소 실감 났다. 하지만 내 집이 생겼다는 기쁨도 잠시, 남편 걱정이 시작되었다.

당첨된 아파트는 인기 많다는 국평(국민 평수의 줄임말로 84제곱**㎡** 평형)이 아닌 대형

평수라 신혼부부인 우리가 살기에 너무 큰 평형이었고 그만큼 분양가격도 높았다.

당시 부동산 시장 분위기는 금융 규제와 공급 과잉 우려로 어두운 전망이었다. 내가 당첨된 아파트 역시 고분양가 이야기가 나왔고 남편의 반대가 시작되었다. 알고 지내던 부동산 소장님까지 당첨을 포기하라고 말했다. 하지만 나는 청약 당첨이 쉽지 않다는 것을 너무 잘 알고 있었기에 포기할 수 없었다. 또 청약을 넣으며 공부했던 반포자이, 래미안퍼스티지 역시 고분양가와 2008~2009년 금융위기 여파로 미분양 단지였지만 분양가 아래로 거래되지 않았던 사례를 보며 손해 보지 않을 거라는 예측을 하였다.

"내가 어떻게든 해 볼 테니 계약할게."

남편에게 자신 있게 말하였지만, 계약금 10%도 무리해서 내야 하는 상황이었다. 하지만 '내 집'이 생겼다는 안정감 때문인지 뭐든 할 수 있는 용기가 생겼다. 분양권에 사인을 하던 날, 이 아파트에 평생 살아야겠다 다짐했다. 마침 처음 구한 신혼집 집주인분이 위례 지역 청약 당첨으로 오래 살아도 된다고 하였고, 이 집에서 지내다 '내 집'으로 이사 가면 되겠다

고 생각했다. 앞으로 편안하게 입주 날을 기다리며 지낼 거라 기대했지만, 언제나 예측대로 흘러가지 않는다.

갑자기 날아온 집주인의 문자 한 통. '새댁, 미안한데 세금 때문에 내가 들어가야 해. 다른 집 알아봐 줘.'

오래 살아도 된다는 한마디에 실크 벽지에 줄눈 시공까지 한 집이었다. 억울하지만 내 집이 아니니 어쩔 수 없었다. 다음 집은 꼭 3년 이상 살 수 있는 곳으로 가면 된다. 청약 당첨도 됐는데 한 번 이사 정도는 괜찮다. 전셋집을 알아보던 중 집주인 직장이 강원도에 있어 수도권으로 이사 올 일이 없는 매물이 있다고 하였다. 내가 원하던 집주인을 만나다니! 첫 번째 신혼집 이사는 친정과 집을 오가며 천천히 짐을 옮겼다. 모든 짐을 하루에 옮기는 이사는 처음이라 긴장되었다. 준비부터 이사 당일까지 신경 쓸 일이 많았다. 결혼 전 22년 동안 한 집에서 거주해 이사 경험이 없었다. 다행히 좋은 이사 업체를 만나 특별한 문제 없이 마무리되었다. 이사 후 정리하는 데 일 년 걸린다는 말을 경험이 있다면 공감할 거다. 정리가 다 끝나지도 않았는데 집주인의 연락이 왔다. '아이 학교 문제로 이사 오고 싶다고.'

집주인 자녀는 8세가 되어 초등학교 입학을 앞두고 있었다. 지금 사는 강원도보다 학군이 좋은 판교 지역에서 고등학교까지 다니길 원했고, 어릴 때부터 친구를 만들어 주고 싶어 이사를 선택했다고 한다. 지금 생각하면 계약이 끝나지도 않았는데 말도 안 된다 생각했겠지만, 교사로서 너무나 이해가 되었다. 때마침 이 시기에 청약 당첨된 아파트에 프리미엄

(분양권과 매도 가격 사이의 차액, 『부동산용어사전』)이 붙으면서 부동산 관심이 높아졌다. 더 낮은 전세나 반전세로 이사 후 남은 보증금으로 투자를 하고 싶어 이사비용을 받는 조건으로 나가기로 했다.

세 번째 이사는 더 빨리 진행되었다. 타인에 의해 이사를 하지만 종잣돈이 생기는 상황이라 억울한 마음은 없었다. 이번 집 주인분도 아이 학교 때문에 자기 집을 전세로 내놓고 분당 수내동 전셋집으로 이사 간다고 하였다. 자녀는 초등학교 5학년이었다. 학군지 중학교 입학을 위해 이사를 결심했고 아이가 고등학교 졸업 전까지 수내동에 있을 예정이라 하였다. 분당 수내동은 내가 초등학교 4학년부터 결혼 전까지 살던 곳이다. 재학시절 스스로 학군지 학교에 다닌다고 생각하진 않았지만, 전체적으로 공부하는 분위기였고 학생들이 생활하기 좋은 동네라 생각한다. 아이 학교 문제로 이사를 결정한 점이 신기했다.

이후 두 번의 이사 모두 부동산 투자 종잣돈을 마련하기 위해 전세에서 반전세로 다시 월셋집으로 옮긴 경우다. 부동산 투자를 하는데 이 정도 고생은 충분히 할 수 있다고 생각했다. 본격적으로 부동산 공부를 시작하니 레버리지의 중요성을 깨달았고 청약 당첨된 집도 전세로 세입자에게 임대를 놓았다. 실거주하지 않았지만 내 명의로 집이 있으니 안정감 있는 생활이라 믿었다.

마지막 이사를 할 때 이전과는 다른 상황이었다. 돌쟁이 아기와 함께 했기 때문이다. 이사 당일 밤 아기도 힘들었는지 깊은 잠을 못 자고 계속 일어났다. 내가 힘든 건 괜찮다. 하지만 아이가 힘들어하는 모습을 보니 죄책감이 들었다. 잠시 잊고 있었던 '내 집'에 살고 싶다는 간절함이 생기기 시작했다.

우리 아이도
좋은 집이 필요하다

결혼하던 해 우리 부부에게는 새로운 생명이 찾아왔다. 혹시 하는 마음으로 했던 임신테스트기의 두 줄을 확인하고 병원을 방문하니 아기집 두 개가 보였다. 쌍둥이였다. 기쁜 마음도 잠시, 아이는 세상을 떠났다. 임신 초기였기에 자연 유산 판정을 받고 몸을 추슬렀다. 하지만 임신 호르몬 수치가 떨어지지 않았다. 재검사 결과 자궁 외 임신이었다. 주사를 맞고 자연 유산되길 기다렸지만, 시간이 지난 후 나팔관 절제 수술을 받았다. 5개월 동안 유산 과정을 거치니 몸과 마음 모두 지쳤다. 결혼 전부터 엄마가 되고 싶었던 나는 '엄마 되기'를 잠시 미뤘다. 오랫동안 서서 수업을 할 수 없어 교직 생활도 그만두었다.

살다 보면 슬픈 일도 있고 기쁜 일도 있는 법! 청약으로 받은 아파트 분양권 웃돈 거래 소식에 잊고 있었던 부동산이 떠올랐다.

부자의 공부법

"맞아, 내 이름에 아파트가 있었지!"

'등기 치면 비로소 보이는 것들'이라는 말이 나올 정도로 부동산을 소유하면 관심 분야가 바뀐다. 나 역시 '엄마'에서 '부동산'으로 관심이 바뀌었다.

교육 분야에서 일하며 아이에 대한 열망이 강했던 나는 그 열정을 부동산으로 돌렸다. 작지만 꾸준하게 부동산 투자를 하고 계셨던 엄마를 따라다니며 아파트, 오피스텔, 상가 등 부동산 공부를 시작했다. 당첨된 아파트 가격도 오르고 다른 부동산에서 수익도 생기자 자신감이 생겼다. 부동산에 방문해 듣는 그 지역 사람들의 이야기가 흥미롭고 아파트 단지 구경도 재밌었다. 모델하우스는 백화점 쇼핑이라면 아파트 단지 구경은 정겨운 재래시장 같았다. 둘 다 매력적이지만 동네 주민을 보며 단지 분위기가 달라 보이는 아파트 단지 구경이 즐거웠다. 그동안 내가 보았던 아파트 모습은 보여주고 싶은 것만 볼 수 있도록 예쁘게 꾸며진 쇼윈도를 구경한 기분이었다. 생생함이 그대로 전달되는 아파트 단지 구경을 할 때마다 부동산이 더 좋아졌다.

투자금을 마련하기 위해 남편을 설득해 주거 형태를 바꾸고 잦은 이사의 번거로움은 당연한 듯 감수했다. 하지만 부동산 투자자라 생각하지 않았다. 나는 전직 교사이고 곧 엄마가 되기 때문에 부동산 투자는 할 수 없다 생각했다. 엄마가 되면 육아로 부동산 공부는 힘드니 점점 감을 잃어가고 보는 눈도 없어진다 생각했다. 부동산에 관심이 높아질수록 엄마는 멀어지고 있었다.

정신을 차렸을 때는 4년이 지난 후였고 더 늦어지면 아이를 갖지 못한다는 생각을 하였다. 유산에 대한 트라우마가 있는 나는 시험관을 하기로 큰 결심을 하고 두 번째 진행 후 예쁜 아이를 맞이할 수 있었다. 아이가 생기면 부동산에 쏟았던 열정이 육아로 바뀔 것이라 믿었다. 부동산과 아이는 별개라 생각했다. 하지만 엄마가 되니 부동산 보는 눈이 더 넓어졌다.

높은 수익률도 좋지만, 나에게는 안전한 투자가 더 중요했다. 전세금 레버리지를 이용한 아파트 투자 공실은 부담이다. 남편과 둘이 살 때는 안 먹고 덜 쓰며 버틸 수 있었다. 엄마가 되니 달라졌다. 아이를 굶길 수 없으니 부담이었던 부분이 큰 위험요소로 느껴졌다. 2년마다 세입자를 구하는 스트레스도 받고 싶지 않았다. 그러다 문득 아이와 함께한 이사가 생각났다. 집을 구할 때 항상 남편과 나의 직장 거리를 중요시했다. 이번 집 구하기는 달랐다. 아이 병원이 근처에 있어야 했고 든든한 육아 동지 조리원 친구들과 떨어지기 싫었다. 유모차 이동이 불편한 언덕과 도로 포장이 정돈되지 않은 단지는 피했다. 어린이집 위치도 확인하고 동네에 아이들이 많이 살고 있는지 보았다. 아무리 좋아 보이는 단지여도 동네에 아이들이 없으면 괜스레 꺼려졌다. 엄마가 되니 부동산 보는 기준이 달라진 것이다.

우리 아이가 먹고 사는 곳, 우리 아이 친구들이 함께 지내는 곳, 우리 아이가 자라 온 환경이 되는 곳!

방과 화장실 개수, 판상형과 타워형, 지하 주차장 여부 등 아파트 내 생활 시설보다 주변 환경이 더 중요했다. 아이 키우기 좋은 환경은 엄마에게 마음의 안정감을 준다. 이런 곳은 어른 역시 살기 좋다. 이런 기준으로 집을 보니 학군지가 눈에 들어왔다. 학군 좋은 단지인 분당 수내동으로 갔다. 학창 시절부터 결혼 전까지 살던 동네다. 1기 신도시 아파트 단지라 오래되었고 신축 아파트처럼 지하층까지 엘리베이터 연결이 안 돼 불편함은 있지만, 학원, 마트 등 인프라 형성이 잘된 지역이다.

집을 알아보던 달은 12월이었다. 부동산에 방문해 원하는 조건의 집이 있는지 알아보았다. 예상했던 것보다 전세가가 높았고 매물도 별로 없었다. "지금은 물건이 없어요. 새 학기 시작 전인 겨울 방학에 보통 이사를 많이 해요. 이미 9월에 좋은 물건은 다 나갔어요." 학부모 입장으로 집을 구해본 적이 없었기에 놓친 부분이었다. 초등학교와 가장 인접한 동으로 6개월 안에 나올 만한 집이 있는지 물어봤다. 보통 임대계약 후 2년 또는 4년이 되는 집은 매물로 나올 가능성이 크다. "여기는 학군지라 한 번 이사 오면 애들 클 때까지 잘 안 나가요." 중개인의 말에 아이 학교 때문에 수내동으로 이사 갔던 집주인이 떠올랐다. 자녀의 학교는 이사 갈 수 없는 외부적인 요인 중 큰 비중을 차지하고 있었다.

이사를 어려워하지 않았던 나도 아이가 생기니 쉽게 환경을 바꾸는 것이 부담스러웠다. 거주 만족도가 높은 지역이라면 더욱 그럴 것이다. 육아로 이미 지쳐 있는데 2년에 한 번씩 집을 알아보고 이사하는 데 에너지를 쏟아야 한다니 마음이 답답했다. 주거가 주는 안정감이 필요했다. 힘들게 만난 아이에게 편안한 보금자리를 주고 싶었다.

"학군지 부동산!"

외부적인 요인으로 오랫동안 살고 싶어 하는 세입자를 구한다면 2년에 한 번씩 새로 계약하는 번거로움은 없어지고 공실 위험도 적어진다. 여기에 딱 맞는 세입자가 바로 학령기 자녀를 둔 학부모였다. 자녀에게 민감하게 다가올 수 있는 전학 문제를 피하고 아이 키우기 좋은 환경이라면 어떤 부모라도 선호할 것이다. 학군지 부동산은 부동산 투자의 위험요소라 생각했던 부분을 해결해 준다. 엄마가 되면 부동산과 멀어질 거라 생각했는데 오히려 해결책을 찾아주었다.

엄마이기 때문에 할 수 있는 학군지 투자법. 그동안 내가 원하던 부동산 투자 방법이라는 확신이 들었다.

부지의 공부법

엄마의 눈으로 보는 학군 투자법

부동산 투자에서 중요한 것 중 하나는 '수요와 공급'이다. 수요가 많은 지역은 입지가 좋은 곳이다. 부동산 투자를 하면 입지 분석을 한다. 좋은 입지, 즉 선호하는 사람이 많은 지역을 찾기 위해 기준을 세우고 비교한다. 한정적인 땅에 수요자가 많으니 경쟁이 생기고 가격이 오른다. 학군도 좋은 입지 조건 중 하나다. 아이에게 좋은 환경을 제공하고 싶은 부모의 마음은 똑같다. 그만큼 학군지로 이사 가고 싶은 수요는 언제든 있다. 분당 지역 고등학교 교사 시절 학생들의 전출입은 거의 없었다. 아이들 대부분 초등학교 고학년 시절부터 같은 아파트 또는 같은 동네에서 자랐다. 이사를 결정하는 외부적인 요인에 아이의 학교가 큰 비중을 차지한다는 것을 깨달았다. 특히 아이가 중학생이 되면 대학 입시가 끝날 때까지 아이 학교를 위해 먼 지역으로 이동하지 않는다.

대기 수요도 많으면서 최소 6년에서 12년 동안 거주를 원하는 세입자가 많은 곳은 학군지 부동산이다. 내가 원하던 안전한 부동산 투자 기준이다. 일반적인 학군지는 명문 학교가 있고 인근에 양질의 학원가가 있는 지역을 말한다. 대한민국 학군지의 대표 지역인 대치, 목동, 노원, 분당, 평촌 등을 보면 또 한 가지 공통점이 있다. 바로 아이들이 생활하기 안전한 동네라는 것이다. 아이들이 살기 좋은 동네는 어른들이 살아도 똑같이 좋다. 유년기 시절 목동과 분당에서 자랐고 교사인 나에게 학군지 부동산 투자는 누구보다 자신 있다. 교육과 부동산 투자를 하나의 카테고리로 묶어보니 엄마에게 매력적인 부동산 투자법이 되었다.

통계청에 따르면 대한민국 출산율이 0.81명으로 OECD 국가 평균 출산율 1.58명보다 현저히 낮다(KOSIS 인구동향조사, 2021). 일부에서는 저출산 문제 이유로 학군지 기능의 상실을 이야기한다. 책『부의 본능』(브라운스톤 지음)을 보면 인구가 감소할수록 '안전한 동네'와 '교육 환경'이 더 중요해진다고 하며, 집값에 가장 많은 영향을 주는 요소로 교육 환경을 선택했다. 다원중개 김석환 대표는 교육이 어떻게 변하더라도 선발이 존재하고 경쟁이 존재한다면 학원가의 가치는 줄어들지 않을 것이라 말한다.『대한민국 학군지도』의 저자 신정섭은 "적어도 앞으로 10년 동안은 여전히 입시와 학군이 중요한 의미가 있을 가능성이 높다."고 했다. 나 역시 학군지 부동산을 선호하는 현상은 앞으로도 계속될 것이라 본다.

명문 학군지역을 보면 세 가지 조건을 만족한다.

첫 번째, 학업성취도 평가 점수가 높은 중학교가 있다.

두 번째, 특목고 진학률이 높아야 한다.

세 번째, 학원가가 형성되어 있다.

세 가지 조건을 모두 만족하는 대한민국 최고의 학군지는 대치동이다. 대치동 아파트 가격을 보자. 워너비 아파트라 불리는 래미안대치팰리스는 34평 기준 매매가가 30억 원이다. 평범한 직장인의 월급으로는 감당할 수 없는 가격이다. 재건축 이슈가 있는 은마아파트 역시 34평 기준 23억 원 이상의 가격이다. 돈이 많다면 대치동 아파트를 사면 된다. 하지만 대부분 사람에게는 감당할 수 없는 비싼 가격이다. 유명한 학군지에 워너비 아파트 투자도 학군지 부동산 투자 방법이다. 또 다른 방법은 학군지의 특징을 알아보고 우리 동네 대치동을 찾아보는 것이다.

워너비 단지들의 공통점을 보면 엄마들의 만족감이 높다. 아파트의 주 기능은 가족들이 생활하는 주거 공간이다. 가족들에게 편안한 보금자리와 좋은 환경을 주고 싶은 엄마의 결정권이 큰 역할을 한다. 자식을 생각하는 엄마들의 워너비 단지는 교육 환경은 물론, 편의시설, 교통까지 좋은 지역이 많다. 학군지 부동산 투자를 하고 싶다면, 엄마의 눈으로 내 아이를 위한 학군지 부동산 보는 안목을 키워보자.

1. 아이가 뛰어서 놀 수 있는 안전한 부동산 찾기

학군지는 치안이 좋고 안정한 동네이다. 내가 말하는 뛰어서 놀 수 있

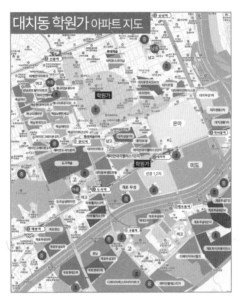

대치동 학원가 아파트 지도

는 단지는 위험성이 없다는 의미이다. 특히 초등학생 자녀가 있다면 학교
까지 걸어서 통학할 수 있는지, 큰길을 건너야 하는 위험성은 없는지 확
인해야 한다. 맞벌이 부부는 차로 라이딩이 힘들어 통학로가 단지 결정의
중요한 요소가 된다. 이런 안전성의 이유로 빌라 지역보다 대단지 아파트
를 선호한다. 초품아(초등학교를 품은 아파트)가 인기 있는 이유이다. 요
즘은 초품아를 넘어 '초등학교가 바로 코앞에 있는 아파트'를 뜻하는 '초코
아'라는 줄임말도 생겼다.

학군지 같은 지역 가까이에 있는 초등학교를 비교해 보았다. 대치4동
에 있는 도곡초등학교와 역삼2동에 있는 도성초등학교이다. 두 학교 모

부자의 공부법

두 좋은 지역에 있다. 지도를 보거나 직접 지역을 가기 전까지는 대치동 도곡초등학교의 선호가 더 높을 것 같다. 학급당 학생 수로 초등학교 선호도를 확인해보면 대치동 도곡초는 24명이고 역삼동 도성초는 31명으로 더 높다. 우선 지도를 통해 확인해보자. 도곡초는 빌라 밀집 지역에 자리 잡고 있다. 반면 도성초는 대단지 아파트 안에 있다. 직접 가보면 길 하나 사이로 두 지역의 분위기 차이가 더 확실히 보인다. 두 학교 모두 좋은 곳이지만 통학로의 안전성은 아파트 안에 있는 도성초가 좋다.

2. 핵심이 되는 상권 파악하기

편의시설의 접근성은 부동산 좋은 입지 조건 중 하나이다. 집 주변에 마트나 병원, 백화점까지 있다면 최고의 환경이라 한다. 학군지는 이것보다 더 중요한 조건이 있다. 바로 유해시설 유무이다. 학원 상가 건물에 어떤 업종이 있는지 중요하다. 주변에 술집 등 유흥가가 있는 지역에서 아이를 키우고 싶은 부모는 없을 것이다. 단일 학원 상권을 가장 선호한다. 학교-집-학원의 거리도 중요하다. 걸어서 이동할 수 있는 단지는 워너비 단지가 된다. 학원가까지 걸어서 갈 수 없다면 학원 차량이 단지까지 운행되는지 고려해야 한다.

학원가는 학원이 많은 곳을 의미하는 것이 아니다. 수능 대비 수업이 가능한 학원이 있는지, 규모는 어느 정도인지 확인해야 한다. 학원가 분석은 부동산 프로텝크(부동산**Property**과 기술**Technology**의 합성어로 부동산에 ICT 기술을 접목한 온라인 서비스) 중 하나인 '호갱노노'(hogangnono.com)에서 확인

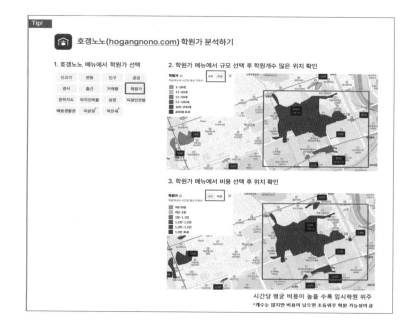

호갱노노(hogangnono.com) 학원가 분석하기

1. 호갱노노 메뉴에서 학원가 선택

신고가	변동	인구	공급
경사	출근	거래량	학원가
분위지도	외지인체율	상권	직장인연봉
배송생활권	미분양	역전세	

2. 학원가 메뉴에서 규모 선택 후 학원개수 많은 위치 확인

3. 학원가 메뉴에서 비용 선택 후 위치 확인

시간당 평균 비용이 높을 수록 입시학원 위주
*개수는 많지만 비용이 낮으면 초등위주 학원 가능성이 큼

할 수 있다. 학원가 규모와 시간당 평균 학원비로 학원의 형태를 판단할 수 있다. 네이버 부동산(land.naver.com) 거리뷰로 어떤 학원이 있는지 상가 건물의 학원 간판을 볼 수 있다.

엄마들은 아이의 교육만큼 부동산 투자에 관심이 많다. 내 주변만 봐도 그렇다. 아이 교육과 재테크를 함께 할 수 있다면 어떤 엄마가 싫어할까. 하지만 부동산 투자는 어렵다고 한다. 투자라는 단어에 겁을 먹고 남자의 영역이라 생각한다. 내가 엄마가 되어보니 엄마들은 본능적으로 좋은 입지를 잘 본다. 내 아이를 위해, 우리 가족을 위해 워너비 단지를 한번에 파악한다. 자신감을 가졌으면 좋겠다. 자녀를 생각하는 엄마의 마음

하나만 있으면 된다. 우선 엄마의 눈으로 학교 통학로와 동네 상권을 파악해보자. 간단하지만 학군지 부동산 투자법의 핵심이 되는 내용이다. 좋은 친구와 선생님이 함께 육아를 해주는 학군지 부동산 공부를 시작하길 바란다.

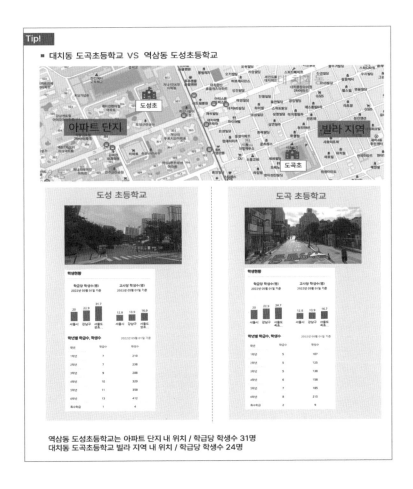

아이 나이에 맞는
학군 투자법

부동산에 관한 관심은 언제부터 생길까? 사람마다 다르겠지만 보통 결혼 준비 기간이 되면 집이 중요해진다. 미혼일 때는 부모와 함께 거주하거나 원룸에 살아도 큰 문제가 되지 않으니 관심이 낮다. 하지만 신혼집 구하는 시기가 되면 서로의 직장 위치, 자금력 등 조건이 하나씩 더해진다. 처음 현실의 벽에 부딪히는 시기이기도 하다. 그래도 신혼집 구하기는 어렵지 않다. 가진 자산 규모에 맞춰 교통에만 기준을 두고 찾아도 만족도가 높기 때문이다. 여기에 아이가 태어나면 고려 사항이 더 많아진다. 부모라면 누구라도 '안전한 환경'에서 아이 키우길 원하기 때문이다. '맹모삼천지교'는 부모의 마음을 대변하는 고사성어다(맹모삼천지교: 맹자의 어머니가 아들의 교육을 위하여 세 번씩 이사함. 지극한 교육열을 뜻함. 기획집단 MOIM, 『고사성어랑 일촌 맺기』, 서해문집, 2016). 자녀에게 좋은 환경을 준다면 '맹모'가 되는 것을 마다하는 부모는 없을 것이다. 부동산은 나의 자녀가 사는 곳 곧 우리 가족이 사는 환경이다.

학군 부동산이라 하면 교육열 높은 부모와 공부 잘하는 아이가 있는 곳이라 생각한다. 맞는 말이지만 성적과 대학 입시만 보고 좋은 학군이 되는 것은 아니다. 명문 학군의 조건으로 아이가 초등학교 5, 6학년이 되었을 때 이사를 고민하지 않아도 되는 곳이라 말한다(신정섭, 『대한민국 학군지도』, 진서원, 2023, p23). 초등학교 고학년은 또래에 대한 노출이 길어짐에 따라 또래 집단에 관한 관심과 또래 동조성이 증가하는 시기(이은해, 고윤주, 『아동학회지』20(2), 1999, p225-242)로 환경에 많은 영향을 받기 시작한다. 학군 부동산은 좋은 친구와 면학 분위기, 통학로와 학원 위치 등 자녀에게 안전한 환경을 제공하는 곳이다.

교육현장에 있으면 환경의 중요성을 누구보다 공감한다. 새 학기가 시작되는 3월이 되면 학교 분위기가 어수선하다. 각자 자라온 환경이 다른 친구들이 모이기 때문이다. 늦어도 1학기가 끝날 무렵 분위기가 잡히는데 내가 재직한 학교는 좋은 학군에 속한 곳이었다. 학군지 학교라고 해서 모든 학생이 공부를 열심히 하는 것은 아니다. 특히 1학년 때는 공부에 관심 없는 친구도 있기 마련이다. 하지만 1학기가 끝날 무렵이 되면 공부에 관심 없던 아이들도 수업에 열심히 참여하고 성적에 신경 쓴다. 면학 분위기가 주는 힘이다. 이런 변화를 몸소 느꼈기에 학군지 수요가 왜 많은지 쉽게 이해된다.

3장에서 말했듯이 유명한 학군 부동산은 인근 단지보다 비싼 경우가 많다. 자금이 많아 원하는 곳을 필요한 시기에 사는 것도 학군 부동산 투자법이다. 자금이 많이 들어가는 학군 부동산 투자가 부담스럽다면 엄마의 눈으로 본 우리 동네 학군에 투자하는 방법도 있다. 학군 부동산 특징인 수요가 많고 장기 거주한다는 점을 활용하는 것이다. 부동산 투자는 인플레이션으로 현금 가치는 해마다 하락하고 실물 자산 가치가 증가하는 점을 이용한 투자 방법이다. 교육자와 부모로서 자녀에게 필요한 주거환경의 높은 이해와 부동산 투자 경험을 바탕으로 자녀 나이에 따른 전략적인 투자 방법인 '276 학군 투자법'을 알아보자.

1. 2세 학군 투자법

신혼부터 아이가 어릴 때 할 수 있는 학군 투자법이다. 자녀의 나이가 학령기까지 2년 이상 남아 있다면 거주와 투자를 분리한다. 실거주를 낮은 전세 또는 월세로 마련하여 종잣돈을 만드는 전략이다. 종잣돈 규모가 어느 정도 있다면 갈 수 있는 곳보다 상급 지역 학군 부동산을 전세를 껴서 매수한다. 아이가 초등학교 입학 시기에 원하는 학군지 부동산을 전세 레버리지를 이용해 선점하는 방법이다. 유명한 학군지 중 한 곳인 수내동 양지마을 2단지 청구 아파트를 예로 들어보자. 2017년 6월, 31평 아파트 매매 가격은 6억 6천만 원이고 전세는 5억 5천만 원이다. 전세를 껴서 아파트를 산다면 1억 1천만 원이 필요하다. 6년이 지나 아이가 초등학교 입학 시기인 2023년 6월 아파트 가격은 14억 5천만 원이다. 전세 레버리지를 통해 미리 투자한 결과 반값에 아파트를 살 수 있었다. 시간이 흐르는 동안 매매 가격만 상승하지 않는다. 전세도 함께 올라간다. 전세가 가장 높았을 때는 10억이었다. 초등학교 고학년 때 이사 간다면 더 큰 차익을 얻을 수도 있다.

종잣돈이 적다면 같은 방법이지만 전세가율이 높은 지역의 아파트를 매입하여 시세차익을 얻는 것이다. 단, 수요가 풍부하고 꾸준히 전세가 오를 지역으로 선정해야 한다. 시세차익을 모아 학령기 때 학군지 부동산을 매입한다. 소액 투자라는 장점이 있지만, 부동산 입지 보는 눈을 키운 후 시작해야 한다.

2. 7세 학군 투자법

초등학교 입학 시기가 가까워졌거나 저학년 자녀가 있을 때 할 수 있는 학군 투자법이다. 학군이 좋은 지역에 거주한다면 초등학교 1학년부터 고등학교 졸업까지 12년 동안 한집에 산다. 큰 이슈가 없다면 전학을 보내고 싶어 하는 부모는 없기 때문이다. 장기간 거주할 수 있는 이 시기에는 실거주용으로 좋은 학군의 부동산 매입을 추천한다. 특히 재건축 또는 리모델링 가능성이 있는 아파트를 선택한다면 높은 이익을 얻을 수도 있다. 유명한 학군지 중 자금과 부모의 직장 위치를 고려해 갈 수 있는 지역을 찾는다. 이때 대출을 잘 이용해 제일 좋은 지역으로 가는 것이 중요하다. 실거주 투자의 장점은 부동산 시장 분위기에 휘둘리지 않고 공실에 대한 리스크가 없다는 점이다. 수도권 학군지 중 연식이 오래된 아파트가 있는 곳은 서울 목동, 개포동, 반포동, 압구정동, 고덕동, 잠실, 방이동, 중

계동과 분당, 평촌, 일산 등이 있다.

　나는 학군지로 이사 가기 가장 이상적인 나이를 7세라 생각한다. 초등학교 입학 시기에 맞춰 8세에 이사를 하여도 되지만, 여유가 된다면 7세 때 가기를 추천한다. '입학 증후군'이라는 말이 생길 정도로 전문가의 연구 결과 초등학교 1학년 아이들의 스트레스는 크다. 1학년 아동을 대상으로 연구 진행 결과, 1학년 아동들은 초등학교를 입학하며 교실, 화장실, 특별실 등 유아 기관과 다른 초등학교의 물리적인 환경에 적응하며 여러 시행착오를 겪는 것으로 보고했다(김설한, 『초등학교 입학 아동과 교사의 학교생활 이야기』 석사학위 논문, 2006). 좋은 학군의 초등학교로 입학하는 아이들은 같은 동네 유치원 졸업 후 친구들과 함께 오는 경우가 많다. 아이가 내성적 또는 사교성이 부족한 경우라면 늦어도 7세 때 이사하길 바란다.

3. 6학년 학군 투자법

　자녀가 중학교를 다니기 시작하면 이사가 더 어려워진다. 그래서 학부모는 늦어도 아이가 초등학교 고학년에 올라가는 시기에 좀 더 나은 교육 환경이 있는 곳으로 이사를 원한다. 또 이 시기는 자녀의 학습 능력이 어느 정도 평가되는 나이라 공부를 잘한다면 더욱 학군지 부동산에 대한 욕망이 커진다. 중학교 입학 전 자녀가 있다면 시세차익과 수익형 부동산 투자 중 한 가지에 집중하는 방법이 유리하다.

　시세차익은 앞서 이야기한 실거주 학군 투자법과 같다. 단, 이 시기는 학군지 부동산으로 이동할 수 있는 마지막 시기라는 점을 기억해야 한다.

자금에 따라 살고 있던 지역과 정반대 지역으로 이사해야 할 수도 있다. 선택은 부모와 자녀의 몫이지만 교육과 재테크를 모두 할 수 있는 학군지 투자를 안 할 이유는 없다.

수익형 투자는 부동산으로 교육비를 감당하는 방법이다. 중학교로 올라가면 자녀의 교육비가 많아진다. 과목마다 학원이 달라지고 초등학교와 달리 대학 입시를 목표로 학원에 다니기 시작한다. 종잣돈이 한정적이라면 좋은 학군지의 전세로 거주하며 남은 돈으로 소액 투자를 통해 교육비를 번다. '2세 학군 투자법'의 소액 투자 방법과 같이 전세가율이 높고 전세 수요가 많은 지역에 '갭 투자'를 하는 방식이다(갭 투자: 매매 가격과 전세 가격의 차이 만큼의 돈만 갖고 집을 매수한 후 임대주택으로 공급 후 집값이 오르면 매도해 차익을 실현하는 투자법, 매일경제용어사전). 여기서 다른 점은 2년 뒤 전세금이 올랐을 경우 반전세로 전환한다. 보증금 대신 오른 가격에 맞는 월세로 바꿔 월세 수입을 자녀 교육비로 쓰는 것이다. 아이가 고등학교 졸업하면 다시 전세로 전환하여 상승한 전세금으로 다른 아파트 매입을 할 수도 있고, 매도하여 시세차익을 얻을 수도 있다.

미래 투자 가치로 보는 학군 투자법

　부동산은 가치 투자다. 비교를 통해 미래에 더 많은 자산을 안겨줄 지역에 투자하는 것이다. 미래의 가격은 신만이 알 수 있다는 우스갯소리가 있을 만큼 가격을 맞힌다는 건 도박이다. 하지만 가격을 예측할 수는 있다. 수요가 많고 공급이 한정적인 좋은 입지의 부동산은 꾸준히 오른다. 이미 많이 오른 좋은 입지 부동산 가격은 비싸므로 가격보다 가치가 높은 저평가 부동산을 찾아야 한다. 가치가 높다는 건 사람들이 좋아하는 지역이라는 뜻이다. 아파트 하나만 보고 가격이 가치에 맞게 형성되었는지 낮은 가격인지 알기는 어렵다. 원래 가격을 알기 위해서 다른 지역 또는 같은 지역 내 다른 단지와 비교평가 한다. 키가 각각 155cm와 165cm 두 사람이 있다면 165cm는 큰 키가 된다. 하지만 옆에 170cm 사람이 오면 165cm는 작은 키가 된다. 기준점을 두고 여러 지역을 봐야 하는 이유이다. 사람들이 가장 좋아하는 지역부터 비선호 지역까지 입지를 우선 알아야 한다.

입지 분석은 '교통, 환경, 일자리, 학군' 등 기준을 정해 평가한다. 부동산은 좋은 입지가 먼저 오르고 상승 폭도 크다. 입지 분석을 통해 투자금에 맞는 가장 좋은 입지에 덜 오른 아파트를 사면 된다. 원하는 좋은 지역의 가격이 가치보다 낮을 타이밍을 기다렸다 사는 방법도 있다. 하지만 자녀의 나이는 타이밍을 기다려주지 않는다. 아이에게 좋은 환경 제공을 목표로 부동산 투자를 시작했다면 육아, 집안일, 가족 행사 등 많은 일을 해야 하는 엄마 관점에서 방대한 부동산 입지 분석은 부담스럽다. 이번 장은 엄마가 할 수 있는 부동산 투자로 '학군 투자법'이 어떤 가치를 가졌는지 이야기하려 한다.

첫째, 부모의 미래까지 책임진다.

학군지 투자는 수요가 풍부한 만큼 비교적 안전한 부동산 투자의 좋은 요소가 될 것이다. 전세 레버리지를 이용하는 '갭 투자'의 경우 전세 수요는 공실 위험 리스크를 감소시킨다. 10년 이상 장기보유가 가능하다는 점도 매력적이다. 실거주 또는 투자로 장기 보유하다 자녀의 학령기가 끝난 후 매도하면 된다. 학군지는 수요가 많은 지역인 만큼 아파트 시세가 꾸준히 올라가기 때문에 시세차익을 통해 노후 자금까지 마련할 수 있다. 2017년부터 21년 부동산 상승기에 좋은 입지의 학군 아파트 가격이 급등한 모습은 학군지 부동산 투자의 매력을 보여준다. 안전하고 좋은 환경에서 아이도 키우고 노후 대책까지 해결되는 '학군 투자법'은 부모가 할 수 있는 최고의 방법이다.

둘째, 부모 마음의 안정감이 생긴다.

아이가 아프면 엄마의 시간은 멈춘다. 아이 회복을 위해 모든 일을 멈추고 집중한다. 부모는 자녀의 안녕이 무엇보다 중요하다. 등하교는 잘했는지 좋은 친구들과 만나는지 학습에 어려움은 없는지 항상 걱정한다. 학원 근처에 술집, 노래방 등 유해시설이 있다면 걱정은 배가 된다. 학군지는 자녀에게 좋은 주거 환경과 인프라를 제공하여 마음의 안정감이 생긴다. 전학과 이사 걱정 없이 자녀 교육에만 신경 쓸 수 있다는 큰 장점도 있다. 학군지 부동산 특징 중 하나인 학주근접(학교나 학원이 집과 가까이 붙어 있다는 뜻)은 아이가 스스로 학교와 학원, 집을 안전하게 다닐 수 있어 맞벌이 부부들이 좋아한다.

공부하는 면학 분위기는 엄마의 잔소리를 줄여주고 학교 폭력이나 왕따 등 비학군지 학교보다 현저히 낮은 확률로 나타난다. 강남 3구 자사고 남고에 13년째 재직하고 있는 교사는 학교 폭력을 한 번도 본 적이 없다고 말할 정도로 공부하는 면학 분위기가 강하다고 한다. '학군 투자법'은 자녀의 신체적, 정서적 문제까지 고려하는 투자이다.

부동산 상승장 때 급등하고 하락장 때 수요 덕분에 비교적 방어가 유리하여 자녀 교육과 재테크를 함께 할 수 있다.

우리가 알고 있는 유명한 학군 부동산은 높은 가격을 형성하고 있다.

이미 가격이 비싸진 시기에 부동산 공부를 시작했다면 앞으로 학군지 요소가 생길 가능성이 있는 미래의 학군지에 투자하는 방법도 있다. 좋은 학군이 어디에 생길지 보려면 앞서 이야기했듯 엄마의 눈으로 입지를 보는 것이 중요하다.

학군지 특징을 살펴보면 첫 번째, 유해시설이 없고 치안이 좋은 곳이다. 두 번째, 중산층의 구성이 많고 빌라촌이 없는 중대형 아파트 단지가 많다. 부모의 소득과 학력이 높을수록 교육열이 강하다. 세 번째, 학원가가 들어오기 좋은 임대료가 비싸지 않은 근린상가 지역이 있다. 이런 특징으로 명문학군은 아니더라고 일반 학군지가 될 수 있는 미래 학군 유망 지역의 관심을 두는 것도 좋다.

미래의 학군지: 일자리 증가 지역과 대규모 택지지구

미래의 학군지를 찾아볼 때 일자리와 대규모 택지지구를 먼저 살펴볼 수 있다. 일자리는 부동산과 밀접한 관계가 있다. 일자리 증가는 곧 수요 증가이기 때문이다. 특히 서울 지역은 출퇴근 '교통지옥'이라는 말이 있을 정도로 직주근접을 원하는 직장인 수요가 많다. 지역에 대기업 또는 새로운 일자리가 증가하면 인근 집값은 급속도로 오른다. 최근 '반세권'이라는 신조어가 생겨났다. 용인시 처인구에 반도체 클러스터 조성계획과 삼성 전자가 300조 원 투자를 결정하면서 인근 아파트가 한 달 사이 1억 상승했다. 부동산 시장이 위축되어 있는 시기에 매도자가 배액배상(매도자가 계약 파기 후 계약금이나 가계약금의 두 배를 돌려주는 것)을 하며 상승한 거래라는 점에 주목해야 한다.

우리는 두 곳을 확인하면 된다. 일자리 증가 지역의 인근 주거 단지와 단일 노선 지하철로 40분 내 위치한 지역의 주거 단지다. 특히 대규모 택지지구나 뉴타운 지역이 있다면 눈여겨보자. 빌라촌이 적은 대단지 아파트에 초등학교 통학로가 안전하고, 학원가가 있거나 임대료가 비싸지 않은 근린상가가 있다면 미래의 학군지가 될 가능성이 크다. 학원은 수요가 있어야 형성된다. 학생들이 많고 교육비를 낼 수 있는 부모의 소득도 중요하다. 급부상하는 마포 학원가를 보면 4년 사이 86개 학원이 생겨났다. 새로 생긴 학원은 유명 입시 학원이다. 아현뉴타운 개발 사업으로 2014년부터 22년 12월까지 15개 브랜드 아파트 단지, 15,174세대가 입주했다. 신축 아파트가 생겨나며 달동네였던 아현동 언덕은 아파트 중심의 새로운 주거지로 탄생하였고 소득과 학벌 수준이 높은 젊은 부부가 좋아하는 지역이 되었다.

일자리 증가와 함께 택지지구가 형성된 곳으로 강서구 마곡지구가 있다. 첨단산업 MBD 마곡 업무지구는 대규모 면적으로 상암 DMC의 약 2.2배, 판교 테크노밸리의 약 1.8배 큰 규모로 고용인구 16만 5천 명이 목표이다. 대표 일자리로 LG 사이언스파크는 LG 전자를 비롯해 LG 계열사들이 입주하여 종사자 수 2만 명이 넘는다. 앞으로 입주하게 될 협력업체 종사자까지 합친다면 4만 명 이상의 일자리가 창출될 예정이다. 현재 개발 중인 마곡지구 마이스MICE 복합단지 역시 고용 창출에 따라 인구 유입이 늘어나고 교통, 숙박, 업무, 관광, 쇼핑, 문화 등 다양한 기반 및 편의시설도 함께 들어 온다. 마곡지구는 2014년부터 입주를 시작해 1만 세대가 넘는 대단지로 성장했다. 2017년부터 민영아파트가 들어서면서 교육열이 높은 학부모들이 많아졌고 2019년 상가에 학원이 제일 먼저 생겼다고 한다. 마곡지구 내 미래의 학군 유망 단지가 생겨날지 관심을 가지고 지켜보면 좋겠다.

일자리 증가 지역으로 분당 판교 지역이 있다. 1기 신도시 분당과 2기 신도시 판교 부동산 가격은 많이 올랐지만, 대기업과 IT 계열 회사가 많은 판교 테크노밸리는 고소득 일자리 지역으로 눈여겨봐야 한다. 제1판교 테크노밸리의 성공으로 제2판교 테크노밸리와 인근 그린벨트를 해제하여 제3판교 테크노밸리 조성계획 및 추진 중이다. 판교 제2, 제3 테크노밸리 사업이 완공되면 약 20만 명 규모의 거대한 업무지구가 형성될 예정이다.

마지막으로 평택 고덕국제신도시이다. 고덕동은 삼성전자 평택 캠퍼스가 들어올 예정이며 고용 창출 약 15만 명으로 예상한다. 고덕 국제화지구 내 삼성전자 사업장과 브레인시티 내 산업단지를 하나로 묶어 반도체 관련 산업을 하는 '국가첨단전략산업 특화단지' 지정을 추진 중이다. 평택시는 2018년도부터 1만 세대 이상 꾸준히 증가하고 있다. 현대 인구수 57만 5천 명, 세대수는 26만 9천 세대다. 택지지구는 정돈된 느낌과 평지로 주거 만족도가 높다. 일자리 외에도 카이스트 평택 캠퍼스와 국제학교 신설 지역 위치 확인을 통해 미래 학군지역인지 함께 고려해봐야 한다.

주택 가격은 결국 우상향이기 때문에 학군지가 될 부동산을 미리 선점하여 학군 프리미엄까지 얻기를 바란다.

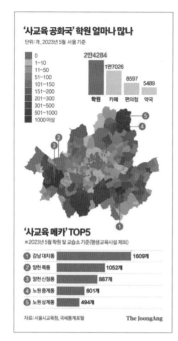

'사교육 공화국' 학원 얼마나 많나
단위: 개, 2023년 5월 서울 기준

- 0
- 1~10
- 11~50
- 51~100
- 101~150
- 151~200
- 201~300
- 301~500
- 501~1000
- 1000 이상

학원 2만4284
카페 1만7026
편의점 8597
약국 5489

'사교육 메카' TOP5
※2023년 5월 학원 및 교습소 기준(평생교육시설 제외)

1. 강남 대치동 1609개
2. 양천 목동 1052개
3. 양천 신정동 887개
4. 노원 중계동 601개
5. 노원 상계동 494개

자료: 서울시교육청, 국세통계포털

The JoongAng

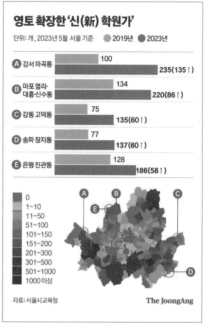

영토 확장한 '신(新) 학원가'
단위: 개, 2023년 5월 서울 기준 ● 2019년 ● 2023년

- Ⓐ 강서 마곡동 100 / 235(135↑)
- Ⓑ 마포 염라·대흥·신수동 134 / 220(86↑)
- Ⓒ 강동 고덕동 75 / 135(60↑)
- Ⓓ 송파 장지동 77 / 137(60↑)
- Ⓔ 은평 진관동 128 / 186(58↑)

- 0
- 1~10
- 11~50
- 51~100
- 101~150
- 151~200
- 201~300
- 301~500
- 501~1000
- 1000 이상

자료: 서울시교육청

The JoongAng

자료: 중앙일보 2023년 6월 기사

학군지 투자로 재테크와
교육 두 마리 토끼를 잡았다

어떤 방법으로 자산을 늘리고 있나요? 자산을 늘리기 위해 무엇을 하고 있는지 한 번쯤 생각하는 것을 추천한다. 엄마가 되니 재테크는 선택이 아닌 필수가 되었다. 저축, 주식, 부동산 등 재테크 방법은 다양하다.

엄마라면 부동산을 추천한다. 부동산은 곧 우리가 사는 집이기 때문이다. 책『부의 본능』에서는 타고난 부동산 박사인 아내의 의견을 경청하라고 한다. 진화심리학을 통해 여성이 수백만 년 동안 주거지 선택에 관한 능력을 개발해왔기에 부동산 선택에 대해 본능적으로 앞선다는 사실을 알게 되었다. 여성은 결혼 후 집에서 살림하면서 집의 구조나 기능, 환경을 가장 가까이서 경험하기에 집에 관한 생각이 상당히 구체적이고 실질적으로 성장한다고 말한다. 오랫동안 부동산 투자 경험이 있는 지인인 엄마들은 이미 부동산 투자 3년 차와 비슷한 입지 분석을 할 수 있다고 말한

적이 있다. 엄마가 되는 순간 이미 부동산 입지 공부를 시작한 것이다.

재테크에서 가장 중요한 건 마인드이다. 두려운 마음을 극복해야 재테크를 시작할 수 있기 때문이다. 사람은 현재보다 더 나은 삶을 원하지만 그만큼 변화를 싫어한다. 부동산 투자를 시작하면 지역을 바꾸는 이사가 필요할 때도 있다. 내가 사는 환경을 바꾼다는 건 생각보다 큰 용기가 필요하다. 매일 장 보러 가는 마트부터 아이들 학원, 병원까지 가족의 모든 환경을 엄마의 손으로 재세팅해야 한다. 생각만으로 벌써 힘들다. 또 부동산 매입 후 가격이 내려갈까 봐 불안해서 못 하는 경우도 많다.

부동산 투자는 내가 정한 기준에서 저평가 지역의 아파트(부동산)를 사고 수익이 났을 때 팔아 시세차익을 얻는 것이다. 하지만 부동산 가격은 생각처럼 빠르게 움직이지 않는다. 내가 산 가격보다 올라갈 때까지 버틸 힘이 필요하다. 투자에 필요한 용기와 버틸 힘은 절박함에서 온다. 엄마는 절박함과 끝까지 버틸 수 있는 강력한 무기가 있다. 바로 우리 아이다. 아이에게 좋은 환경을 주고 싶은 부모의 마음은 똑같기 때문이다. 엄마가 되는 순간 누구나 맹모의 마음을 가진다. 엄마의 눈으로 보는 좋은 주거와 자녀 교육을 합치면 '학군지 부동산'이 된다. 평범한 엄마라면 누구나 해 볼 수 있다. 부동산 가치에 영향을 주는 '학군'을 주요 요소로 잡고 부동산 공부를 시작하면 된다. 나와 우리 가족이 사는 집 그리고 우리 아이가 다니는 학교와 주변 환경이라 생각하면 어렵지 않다.

올해 초부터 교육 플랫폼에서 부동산 공부를 하고 싶은 엄마들을 대상으로 재테크 프로그램을 운영하고 있다. 리더 역할로 바쁜 워킹맘과 육아맘도 꾸준히 공부할 수 있도록 도와드리고 있다. 운영하다 보면 곧 학령기 나이가 되는 아이를 키우며 충분한 자금도 보유한 분들을 자주 만난다. 그때마다 난 '학군지 부동산 투자법'을 추천한다. 하지만 학군이란 단어만으로 거부감을 가지거나 부담스러워한다. "저희 아이가 공부를 잘할지 모르겠어요."나 "거기 엄마들은 치맛바람이 너무 세지 않아요? 전 그만큼 뒷바라지할 자신이 없어요." 등 공부만 하는 곳으로만 생각하는 경우가 많았다. 학군지 학교 교사로 이미 경험이 있는 나는 자신 있게 말할 수 있다. 공부보다 더 중요한 면학 분위기와 유해시설을 멀리할 수 있는 안전한 환경이 학군지의 장점이다.

'끼리끼리는 과학이다.' 좋은 학군이 주는 최고의 장점이라 생각한다. 요즘은 상위권 대학 진학이 바로 취업으로 연결되지는 않는다. 좋은 대학을 나오지 않아도 자기 역량을 보여줄 수 있는 직업군에서 성공하는 사람이 많다. 하지만 여전히 좋은 대학에 대한 변하지 않는 인식은 있다. 첫째, 똑똑한 사람이라는 걸 딱히 증명하지 않아도 된다. 명문 대학이 대변해 준다. 둘째, 주변에 똑똑한 사람들이 많아진다. 주변에 좋은 영향력을 주거나 사회적으로 높은 위치에 있는 사람들이 많다. 셋째, 좋은 대학을 나오면 일도 잘한다는 편견은 여전히 존재한다. 인생을 살면서 도움이 되는 좋은 이미지가 있다는 것이다. 학군지 학교 출신에게도 비슷한 인식이 있다. 우리 아이를 바라보는 주변 시선이 달라지는데 여력이 된다면 마다할 부모는 없을 것이다.

내가 만나본 좋은 학군에서 아이를 키우는 학부모들은 만족감이 높았다. 아이 의대 보내기보다 엄마가 의대 가기가 더 빠르다는 말이 있다. 그만큼 자녀 교육은 부모 마음대로 할 수 있는 영역이 아니다. "선생님 저는 공부하라고 말한 적 없어요.", "아이가 먼저 좋은 학원 알아봐 달라고 말해요." 교사 시절 학부모 상담 때 많이 들었던 내용이다. 친구를 만나려면 학원에 가야 하는 좋은 학군지역 학생들에게는 학원에 가고 공부하는 것은 당연한 일이다. 양질의 학원가가 집 근처에 있으니 부모가 더 좋은 학원을 보내기 위해 차로 라이딩하지 않아도 되고 주변에 유해시설이 없으니 걱정할 일도 줄어든다. 학교 폭력, 왕따 문제 등 학교 문제 노출을 줄이기 위해 학군지를 선택하기도 한다. 무엇보다 부모가 할 수 있는 만큼 아이에게 무언가 해줬다는 만족감이 가장 높았다. 아이에게 공부 잔소리 없는 우아한 엄마가 되고 싶다면 공부하는 환경으로 아이를 보내면 된다.

자녀가 초등학교 고학년 때 학군지 아파트를 매입하면 고등학교까지 보통 10년 이상 보유한다. 학부모의 수요가 많기에 아이가 대학에 들어갈 때가 되면 부동산 가격이 올라 시세차익은 덤으로 얻게 된다. 교육과 재테크, 두 마리 토끼를 잡을 수 있다. 우리나라 교육 현황을 이해하고 자녀에게 안전한 환경을 마련해주면서 노후 대책까지 가능한 투자는 '학군지 부동산 투자'가 유일하다. 두 마리 토끼를 잡기로 마음먹었다면 꼭 활용해야 하는 한 가지가 있다. 바로 대출이다. 대출 레버리지를 잘 이용한다면 큰 종잣돈 없이 조금 더 좋은 상급지로 투자할 수 있다. 감당할 수 있는 적당한 대출은 빚이 아니라 기회이며 투자의 원동력이 된다. 부동산 투자를 하고 싶다면 꼭 대출 공부를 하길 바란다.

두려움을 극복하고 버틸 수 있도록 우리 아이가 주는 힘은 대단하다. 나 역시 안정적인 직장을 그만두면서 불안함을 느끼고 미래를 알 수 없는 부동산 투자를 하며 힘든 날들이 많았다. 하지만 지금까지 내가 성장할 수 있었던 이유는 아이한테 좋은 환경을 주고 싶었기 때문이다. 지치고 힘든 날 잠든 아이 얼굴을 보면 없던 힘도 생겨난다. 이보다 완벽한 이유는 없다. 엄마의 눈으로 내 아이를 어디서 어떻게 키울지 생각해보자. 당신은 지금 부동산 공부를 시작했다.

"엄마의 눈으로 봐야 하는데 엄마가 안 하면 누가 하나요?"

부동산 투자를 고민하는 엄마에게 자주 하는 말이다. 방향성을 잡고 몇 년만 노력하면 우리 가족의 삶이 바뀔 수 있다. 대한민국 모든 엄마를 응원한다.

미래 투자 가치로 보는
학군 투자법 전문가

7년 동안 5번의 이사를 가게 된 김소정 저자의 경험담이 낯설지 않다. 집이 없는 서러움은 겪어본 사람은 누구나 느낄 수 있는 서러움이다. 그런데 이 서러움은 아이가 생기고 나면 더욱 깊어진다. 자녀가 생기면서 김소정 저자는 아이를 위해서 '학군 투자'라는 개념을 적용하고 실행해나간다. 누군가는 서러움을 느끼고 절망하며 주저앉고 누군가는 그 서러움을 딛고 일어나 인생의 기회로 바꾸어 나간다. 김소정 저자는 그 기회를 다시 잡았고 이제 다른 이들에게 그 기회를 나누고 있다.

　맹모삼천지교라는 말이 있다. 맹자의 어머니가 맹자의 교육을 위해서 세 곳으로 이사했다는 데서 유래한 이야기이다. 맹자를 길러낸 맹모의 교육열을 잘 보여준다. 교육에 있어서 주위 환경은 중요하다. 실제로 명문 학군지는 청약 시장에서도 인기를 끌고 있고 부동산 가격도 치솟고 있다. 자녀 교육과 부동산 투자 방법 두 마리 토끼를 잡고자 하는 엄마들에게 가이드가 되고 방향을 제시해 줄 것이다.

PART 6

아빠의 경제 독립 프로젝트

허석화

예비역 소령(16년 군 복무),
전역 이후 월 매출 1,000만 원 사업 운영
내 집 마련 및 소형 아파트 보유
자신의 사업과 재테크를 철저하게 준비하며 월급에서 벗어나
진정한 경제 독립을 이루기 위한 방법 공유

앞길이 전혀 보이지 않았던
막막했던 순간

　서른셋. 어린 두 자녀가 있다. 첫 번째 진급에 비선 되었다. 상당한 충격을 받았다. 아이들이 어렸지만 시골 도시 가릴 것 없이 다양한 경력을 쌓기 위해 1~2년에 한 번씩 이사를 다녔다.

　스물한 살부터 시작된 군 생활은 탄탄대로일 줄 알았다. 2년의 사관생도 생활도 하였고 4성 장군이 지휘하는 부대에서 소위 진급 자리라 불리는 보직에서도 근무하였다. 사실 첫 번째 진급 시기에 당연히 될 줄 알았다. 근거 없는 자신감이었지만 말이다. 그땐 무방비 상태였기에 충격이 컸다.

　서른넷. 두 번째 진급의 문턱을 넘지 못했다. 다음 진급할 확률은 15%였다. 두 번째는 어느 정도 마음의 준비는 했지만 뭔가 더욱 쓰라린 느낌이었다. 이때부터 '더 이상 군 생활을 못 할 수도 있겠구나.'라는 사실이 실감 나기 시작했다. 이때 전역해야겠다는 마음을 먹었지만 '세 번의 도전은 해 보자.'라는 마음으로 마지막 한 번 더 도전했다.

'앞으로 뭐 해 먹고 살아야 하지?'라는 고민을 그제야 하기 시작했다. 공포스러웠다. 머릿속에 미래의 모습이 그려지지 않았다. 그동안 한 번도 생각해 본 적이 없으니 어찌 보면 당연한 일이지만 말이다. 재취업하기에 너무 애매한 나이가 되어 버렸다.

서른다섯. 세 번째 진급 기회도 놓쳤다. 정년은 2년 반 정도 남았고 한 번의 진급 기회가 더 있을지도 모르지만 정신적으로 많이 힘들었기 때문에 군을 위해서도, 나를 위해서도 나오는 게 맞다고 생각했다. 전역 이후 갈 곳이 없어지다 보니 정체성을 잃어버린 것 같은 느낌이 들었다. 더 무기력해지는 것 같아 이대로는 안 되겠다 싶어 정신건강의학과 진료를 보았다. '만성 우울증'으로 약물치료를 권유받았다.

'내 인생이 어쩌다 이렇게 된 거지?' 자꾸 후회와 탓만 늘어갔다. 처음엔 분노가 치밀다가 나중엔 불안감이 엄습했다. 거의 매일 악몽에 시달렸다. 자존감은 떨어지고 자존심만 높아져서 아무것도 할 수 없는 상태가 되었다. 먹구름 속을 떠다니는 기분이었다. 삶의 방향을 잃어서 이러지도 저러지도 못했다. 나만 바라보고 있는 가족들이 부담스러웠다. 사소한 것에 화가 났다.

한 장면이 떠오른다. 중학교 시절 "난 왜 이런 돈 없는 집안에서 태어났지?"라고 분노하며 책상을 주먹으로 내리쳤던 기억이 난다. 나는 외동이었고 아버지도 군인이셨기 때문에 가난한 형편은 아니었다. 하지만 예술고등학교에 진학하기엔 부담스러운 형편이었다. 2006년 하사로 임관했을 때 봉급이 798,300원이었다. 아이들도 분명 표현은 하지 않지만 불만은 갖고 있을 것이다. '혹시라도 아이들이 예술고등학교에 가고 싶다고 하면 어떡하지?'라는 생각에 두려웠다. 정신 차리고 다시 시작해야겠다는 생각이 들었다. 무턱대고 경제, 돈, 비즈니스, 사업, 창업에 관한 책, 신문, 잡지, 영상 등을 찾아보았다. 새로운 분야에 대한 깨달음의 연속으로 희열을 느꼈다. 조금씩 희망도 보였다. 그동안 정말 모르고 살았다는 생각에 쓸쓸함도 느꼈다.

'늦깎이 경제공부'는 그렇게 시작되었다. 지금은 초등학교 경제수업도 진행하고, 창업에 대한 국가지원도 많아져서 좋지만 아직 많이 부족하다.

물론 처음 공부를 시작할 때부터 순탄했던 것은 아니었다. 나와 가족을 생각하며 다시 일어서기 위해 시작한 경제 공부였기에 의지와 열정은 누구보다 강했지만 어디서부터 어떻게, 어떤 방식으로 학문을 넓혀 나가야 할지 막막하고 어렵기만 했다. 주변에 도움을 요청하기에는 관련 전문가가 있는 것이 아니었고, 그렇다고 이제 와서 다시 대학교를 들어가자니 나 하나를 믿고 의지하는 두 자녀와 가족이 눈에 밟혀 그럴 수 없었다.

그래서 우선 제로에 가까운 경제 지식을 쌓기 위한 목적으로 중, 고등학교 수준의 기본 경제 용어와 기초 이론을 습득하기 시작했다. 전공 서적을 보기보다는 일반 경제책과 신문, 영상 등을 다양하게 찾아보는 것 자체가 도움 되었지만, 처음에는 모르는 용어가 반 이상이었기 때문에 그때그때 검색을 통해 암기하는 시간이 더 많은 부분을 차지했다. 이 과정에서 전혀 관심이 없었던 경제라는 새로운 분야를 알아가기 위해 꾸준히 학습하는 습관을 만드는 것이 말처럼 쉽지만은 않다는 것을 깨달았다. 그러나 공부할수록 몰랐던 분야를 알아가는 즐거움이 있었고, 이 시간 속에서 그동안 무심하게 지나쳤던 경제 상황이 이해되기 시작하자 더욱 흥미가 생기기 시작했다.

어느 정도 경제 용어에 대한 이해가 기틀을 잡아가자 학습한 이론과 실제 사례를 함께 살펴볼 수 있는 경제 관련 도서와 뉴스 등을 깊이 있게 살펴보는 심화 학습에 들어갔다. 그런데 이 과정에서도 경제 공부를 지속하기 힘든 난관은 존재했다. 과거 사례와 경제 동향을 알아갈수록 반드시 이론에 기초하여 경제 흐름이 이어지지 않고, 누구도 예측하지 못한 변수가 발생한다는 사실 때문이었다. 수학공식처럼 'A는 B다.'의 개념으로 경제 이론을 공부해왔는데, 특히 경기가 어려울수록 전망하고 예측하기 더욱 어렵고 복잡했다.

경제 지식에 기반을 두어 미래를 예측하더라도 틀릴 수 있다는 경제 현상이 경제와 재테크에 대해 어느 정도 이해도를 높였다고 생각하며 학구열을 높여가던 나에게 절망감으로 다가올 수밖에 없었다. 어떤 경제 상황에서 경제 지식과 이론보다 인간의 심리와 행동학이 오히려 더 합리적으로 적용됨을 확인했을 때는 그동안 공부했던 것들이 의미가 없다고 자조하기도 했었다.

그런데 우연히 경제학자 존 케네스 갤브레이스의 『불확실성의 시대』라는 책을 접하면서 이미 우리가 '초불확성의 시대'에 살고 있다는 사실을 깨닫게 되었다. 특히 이 책에서는 3개월 후의 미래를 확신할 수 있는 경제학자, 자본가, 사회주의자는 아무도 존재하지 않는다고 규정했다. 또한 갤브레이스는 경제 예측을 할 수 있는 유일한 기능은 점성술을 존경스러워 보이게 만드는 것이라며, 경제전문가도 미래를 정형화하고 예상한다는 것이 점성술사보다 못하다고 덧붙였다.

이 내용을 보자마자 이론에 기초한 미래 예측이 어렵다고 그동안 공부한 시간을 한탄했던 나 자신이 한심스러웠다. 경제와 사회는 그 본질 자체가 예측이 어려운 부분이고, 이를 자료와 인과관계로 파악하고 분석해 최대한 높은 확률로 전망하려는 노력을 기울여야 함을 알게 되었다.

그래서 이후로는 더더욱 과거 경제 자료와 사례를 면밀하게 공부해야 함을 깨닫고 노력을 달리하기 시작했다. 이때부터는 두 개의 관점으로 경제 공부를 지속하게 되었다. 첫 번째는 기존처럼 경제 이론에 근거하여 가계와 기업, 정부의 행동을 체계적으로 분석하고자 했으며, 두 번째는 과거의 경제 상황에서 어떤 행동과 결과를 보였는지 철저하게 분석하고 자료화하는 것이었다. 전자의 학습법으로 세계 각국 경제 주체의 행동 모형을 구체화하는 데 도움이 되었으며, 하나의 경제 상황에도 다양한 결과가 따를 수 있다는 안목이 자연스럽게 길러졌다. 후자의 과거 사례를 바탕으로 자료를 이해하기 위해 각종 경제 뉴스와 과거 사례를 닥치는 대로 공부하였고, 최대한 반복해서 이해하는 과정을 거쳤다. 그러다 보니 조금씩 경제 시장 또한 커다란 사이클을 가지고 반복되고 있음을 알게 되었고, 그때부터 경제의 견문이 훨씬 넓어지게 된 것을 느낄 수 있었다.

이렇게 경제에 관해 공부를 견고히 쌓아 나갈수록 그동안 내가 너무 무지하게 살아왔음을 알게 되었고, 경제와 재테크라는 영역이 앞으로 제2의 인생을 살게 해줄 원동력이 되어줄 것임을 확신하게 되었다.

나는 서행차선에서
벗어나기로 했다

"나는 아무것도 시도하지 않은 것을 후회하느니 실패를 후
회하는 삶을 살겠다."

- 엠제이 드마코

'서행차선'은 '가난'이다. 서행차선에서 벗어나기 위해서는 '무지'와 '부
지'의 상태에서 벗어나야 한다. 그러려면 공부가 필요하다. 공부라고 해
서 전문서적을 정독하거나 학원에서 강의를 듣는 것이 아니다. 뉴스, 신
문, 서적, 인터넷 등을 통해 모르고 있던 정보를 습득하면 된다. 전혀 모르
고 있던 것을 알게 되면 조금 더 알고 싶어진다. 그러다 보면 '추월차선'으
로 가기 위한 기술과 용기도 생긴다.

사람은 누구나 안정적인 것을 추구한다. 하지만 그 누구도 나의 인생

을 책임져 주지 않는다. 그러므로 스스로가 자기만의 울타리를 만들어야 한다. 자본주의 사회에서 경제 공부는 선택이 아닌 필수이다. 또 '돈'과 '시간'을 대하는 태도를 바꿔야 한다. "부자들이 더하네."라는 말을 종종 듣는다. 부자들이 구두쇠여서가 아니라 부자들은 10원 단위까지 기록할 만큼 아주 작은 돈이라 할지라도 결코 함부로 대하지 않는다. 경제학에서의 '시간'은 매우 중요한 '자원'이다. '시간'은 절대 무한하지 않으며 한정적이기에 '시간당 비용'이 정해진다.

놀이공원에서 줄을 서지 않고 바로 탈 수 있는 유료이용권을 생각하면 이해하기 쉽다.

부자들이 TV를 보지 않는 것은 바로 '기회비용' 때문이다. TV를 볼 시간 동안 포기해야 하는 것이 TV를 보는 것보다 더 가치 있는 일이기 때문이다. 직원과 비서, 운전기사를 고용하는 것, 비즈니스석을 이용하는 것도 마찬가지 이유이다.

2023년 최저시급은 9,620원이다. 30대 후반 직장인의 평균 연봉은 5,445만 원이다. 한 달 평일 20일, 하루 8시간 근무로 계산했을 때 시급은 28,000원가량이다. 전문직을 보면 4~6만 원 정도이다. 6만 원 정도일 때 월 1,000만 원가량, 연 1억 이상의 수입을 벌 수 있다.

회사는 매년 투자를 거듭하고 성장하며 주가를 올린다. 우리도 스스로에게 투자하며 자기만의 시급을 지속적으로 올려야 한다. 그게 바로 부의 '추월차선'을 타는 방법이다.

부자들의 8원칙은 다음과 같다.

1. **목표 설정과 헌신**: 부자들은 명확한 재정적 목표를 설정하고 그것에 헌신한다. 그들은 이를 위해 꾸준한 노력과 투자를 기울이며 자신의 목표에 집중한다.

2. **긍정적인 마인드셋**: 부자들은 긍정적인 마인드셋을 가지고 있다. 실패를 두려워하지 않고 도전에 임하며, 문제를 해결하고 성공의 기회로 바라본다.

3. **금융 계획 및 예산 관리**: 부자들은 재정적인 계획을 세우고 자신의 소득과 지출을 철저하게 관리한다. 예산을 지키고 투자를 통해 돈을 효율적으로 운용하는 능력을 가지고 있다.

4. **지속적인 자기 발전**: 부자들은 지식과 기술을 개발하고 향상하는 데 많은 노력을 기울인다. 계속적인 자기 교육과 성장을 추구하며, 새로운 기회를 발견하고 이를 활용한다.

5. **위험 감수와 투자**: 부자들은 투자를 통해 돈을 증식시키는 것을 좋아한다. 그들은 재무적인 위험을 감수하면서도 지식과 경험을 바탕으로 투자 결정을 내린다.

6. **창의성과 기업가정신**: 부자들은 창의적인 아이디어를 가지고 비즈니스 기회를 찾고, 자신의 아이디어를 실행한다. 기업가정신을 가지고 자신의 비전을 실현시키는 데 주도적인 역할을 한다.

7. **네트워킹 능력**: 부자들은 좋은 인맥을 유지하고 네트워킹 능력을 갖추고 있다. 다른 사람들과 협력하고 상호작용하여 비즈니스 기회를 찾고 발전시킨다.

8. 실패에 대한 탄력성: 부자들은 실패를 경험해도 포기하지 않고 다시 일어서며, 배움과 성장의 기회로 삼는다. 실패를 통해 경험과 지식을 얻고 다음 도전에서 더 나은 결과를 얻을 수 있도록 노력한다.

이러한 부자의 공통점은 어떻게 보면 굉장히 특별한 것으로 보일 수 있으나, 우리 삶에 접목해보면 그렇게 어려운 일이 아니다. 사실 관점만 바꿔주면 쉽게 내 삶에 적용할 수 있을 만큼 평범하고 내일 당장 실천할 수 있는 일이기도 하다. 또한 이 모든 특징은 모두 유기적으로 연결되어 있으며, 각 요소가 다른 요소에 힘을 실어주어 부자가 되는 데 더욱 큰 시너지를 발생시킨다.

일례로 경제적 자유를 추구하는 부자들은 충분한 재정적 확보를 위해 '나는 할 수 있다.'는 긍정적인 마인드 설정으로 하루하루를 자신감 있게 살아내며, 자신 앞에 놓인 크고 작은 도전 과제에서 실패를 두려워하지 않는 모습을 보인다. 이때 단순히 무턱대고 맨땅에 헤딩하듯 일을 저지르는 것이 아니라, 관련한 기술을 습득하기 위해 끊임없이 연구하고 공부하여 자기 계발을 부지런히 하여 성공 확률을 높이는 데 온 힘을 기울인다.

만약 내가 앱 개발 사업으로 재무적 자유를 추구하고 싶다면, 프로그래밍 언어와 트렌드를 주도하는 인터페이스 디자인, 데이터베이스 관리, 웹 서비스의 고도화 등에 관심을 두고 관련 기술을 습득하기 위해 관련 서적뿐 아니라 유튜브 영상, 언론, 실제 사례 등을 매일 꾸준하게 학습하는 것이다. 이 과정에서 '나는 성공할 수 있다.'는 마음가짐은 필수다.

물론 부자라고 하더라도 매번 성공하는 것은 아니다. 누구나 새롭게 도전하는 과정에서 실패의 위험이 따르기 때문이다. 그러나 그동안 쌓아왔던 지식과 경험을 토대로 실패의 확률보다 성공의 확률을 점진적으로 증가시키며, 자신이 가진 창의성과 기업가정신을 바탕으로 비전을 구체적으로 실현한다. 만약 기대와 달리 실패를 하더라도 포기하거나 좌절하지 않고, 그간의 경험과 지식을 바탕으로 또 다른 도전의 기회를 만드는 것이 부자가 서행차선을 달리는 일반 사람들과 다른 점이라고 할 수 있다.

앱 개발 사업의 예시를 그대로 이어 가보자면, 우수한 기술을 가진 경쟁 사업체들이 우후죽순 등장하면 내 사업이 소비자에게 경쟁력이 떨어지는 상황을 맞이할 수 있다. 그러나 이때 실패할 조짐이 보이더라도 그동안 쌓아온 지식과 기술 등을 토대로 차별화된 서비스를 제공할 수 있는지 다방면으로 모색하는 것이 바로 부자의 공통점이다. 부득이하게 사업 실패의 쓴맛을 보더라도 내가 실패하게 된 요인과 결정적인 문제에 대해서 꼼꼼하게 분석하고, 보완하는 과정을 거쳐 또다시 도전하는 단단한 발판을 만들어야 한다.

나는 그동안 철저하게 서행차선을 다녔던 사람이다. 평범하지만 인생에서 중요한 부자의 공통점을 알지 못했고, 누구에게도 배운 적이 없으니 그저 열심히 살면 될 거라는 근거 없는 희망 고문으로 하루하루를 살아왔다. 그러나 자본주의 사회는 그저 열심히 산다고 해서 손을 들어주지 않는다. 이 사실은 성실하고 쉼 없이 살아온 나의 뇌리를 강력하게 때렸다.

부자는 전 세계적으로 0.001%도 되지 않는다. 앞서 설명한 부자의 공통점은 평범하지만, 노력의 노력을 더해 일상생활에 자연스럽게 묻어나올 수 있어야 경제적 자유를 누리게 되는 순간을 경험하게 된다. 따라서 앞서 설명한 여덟 가지의 특징과 더불어 경제와 재테크 지식을 내 것으로 만들기 위해 끝없는 노력과 헌신을 지속해야 한다.

이제까지 안정적으로 유지해왔던 가난한 습관을 버리고 진취적이고 도전적인 부자의 특징을 장착해야만 비로소 당신의 삶은 서행차선을 벗어나 추월차선에 오를 수 있게 된다. 우리도 그들의 행동과 생각을 이해하면서 기술과 지식을 구축하다 보면, 성공할 수 있는 황금 같은 기회가 올 것이고, 이를 통해 더욱 풍요롭고 행복한 부자로 거듭날 수 있을 것이다.

진정 좋아하는 일을 발견하는 세 가지 방법

"자신이 좋아하는 일을 하라. 그러면 성공은 자연스럽게 이루어진다."

- 워런 버핏

한 취업 플랫폼에서 직장인 2,400여 명을 대상으로 설문조사를 했다. 주제는 "지금 하고 있는 일은 좋아해서 하는 일인가?"였다. "그렇다."라고 답변한 직장인은 16%에 불과하다. 대부분 좋아하는 일이 무엇인지조차 모르고 살아간다. 월요일 아침 출근 지하철에 타보면 객실을 꽉 채운 직장인들 대부분 고개를 푹 숙인 채 휴대전화를 보고 있거나, 아니면 그저 무표정인 상태이다. 그 광경은 참으로 안타깝다.

만약 당신이 부모라면 더욱더 좋아하는 일을 하며 살기 위해 노력할 것이다. 모든 부모의 희망은 자식이 행복하게 사는 것이다. 부모는 자식의 거울이다. 당신이 좋아하는 일을 찾지 못하고 좋아하지 않는 일을 하면서 행복하지 않은데 어찌 자식이 좋아하는 일을 하며 행복하게 살 수 있느냐 말이다. 쌍둥이 형제, 자매라 해도 좋아하는 일이 다른데 부모와 자식이 좋아하는 일이 같을 확률은 얼마나 될까? 그럼에도 군인 집안에서는 군인 이 나올 확률이 높고 공무원 집안에서는 공무원이 나올 확률이 높다. 당 신이 금수저이거나 물려줄 가업이 있는 경우가 아니라면 자식에게 좋아 하는 일을 찾는 법을 알려주고 행복하게 사는 모습을 보여줘라.

'덕업일치'라는 신조어가 생길 만큼 예전보다 좋아하는 일을 하면서 살 수 있는 확률이 높아진 시대이다. 예전처럼 '내가 하고 싶은 일'과 '내가 잘 할 수 있는 일' 중에 선택해야 하는 시대는 지났다는 이야기다. 그럼 이제 내가 정말 좋아하는 일이 무엇인지 발견하는 3가지 방법을 알려주겠다.

첫째, Thinking. 과거 즐겼던 활동이나 취미에 대해 생각하라. 사람은 한 시간에 2천 가지를 생각한다고 한다. 그러나 이것은 잡념이라고 보면 된다. 생각을 한다기보다 생각이 난다는 것이 맞을 것이다. 그래서 우연 히 "당신이 하고 싶은 일은 무엇입니까?"라는 질문에 그동안 선뜻 대답하 지 못했던 것이다. 그러기에 우리는 '몰입'해서 생각해야 한다. 그래야만 나 자신을 온전히 들여다볼 수 있고, 내가 진짜로 '하고 싶었던 일'을 찾을 수 있기 때문이다.

내 인생에 꼭 필요하고 중요한 과정이니 적어도 휴일 하루 정도는 온 전히 생각할 시간을 갖는 것을 권하고 싶다. 풋살이나 여행과 같은 신체 활동, 그림 그리기나 글쓰기와 같은 창작 활동, 독서나 제2외국어를 배우는 지적 활동 등 스스로에게 기쁨을 주는 것들의 리스트를 적어보자. 아주 사소한 것이라도 좋다. 예를 들어, 쇼핑하기, 사람 구경하기, 맛집 탐방하기 등등 모두 좋다. 리스트를 적었다면 순위를 매겨보자. 순위를 매기는 것에는 너무 몰두하지 않아도 좋다. 우리가 좋아하는 일이 한 가지만 있는 경우는 없고, 가장 좋아하는 일 한 가지만 하면서 살 필요는 없다. 순위를 매겼다면 구체화해보자. 예를 들어, '쇼핑하기'였다면 어떤 것을 쇼핑할 때 즐거운지, 어떤 브랜드를 선호하는지 최대한 구체화해라. 구체화 과정에서는 마인드맵 프로그램을 활용하는 것이 좋다. 생각을 지도 그리듯 이미지화하는 데 도움을 주는 마인드맵은 지금까지 생각했던 내용을 구체화하기도 편리하고 내가 어렵게 생각해 낸 것들을 정리하기에도 이보다 더 좋은 도구는 없다.

둘째, New challenge. 새로운 것을 시도하고 경험하라. 앞 단계인 Thinking으로 자기 이해를 충분하게 했다면 내가 하고 싶은 일을 찾는 데 절반은 해냈다고 할 수 있다. 이후로는 두 번째 단계인 New challenge를 통해 구체화한 일에 도전하면 된다. 그동안 살면서 경험한 것들이 많지 않다면 첫 번째 단계인 Thinking 단계에서 생각해 낼 수 있는 것들이 많지 않을 것이다. 그렇다면 어쩔 수 없다. 경험해보는 수밖에. 아무런 노력과 경험 없이 내가 좋아하는 것이 무엇인지 찾을 수는 없다. 내가 하고 싶은 일을 찾겠다는 의지만 있다면 새로운 분야에 도전하고 경험하는 것은 현시대에는 너무나도 쉽다.

온라인 교육 플랫폼이나 지역에서 모집하는 원데이 클래스에 참석해 볼 수도 있겠고, 원하는 분야의 단기 아르바이트를 해 볼 수도 있겠으며, 유튜브를 통해서도 충분히 배워서 실행해 볼 수도 있다. 유튜브를 하는 방법도 유튜브로 배울 수 있는 세상이니 얼마나 좋은가. 실행만 하면 된다. 물론 도전하다 보면 나하고 맞지 않아 그만두는 시행착오가 발생하지만, 그 자체로도 개인적으로 큰 경험과 인생의 무기가 된다. '쓸모없는 경험은 없다.'는 말처럼 새롭게 도전한 경험은 돈을 주고도 사지 못하는 값진 자산이 된다. 다시 말해, 아무것도 하지 않으면 아무 일도 일어나지 않는다. 결코 주저할 필요가 없는 문제다. 하루빨리 내가 좋아하는 것을 찾고 그 일을 하면서 살고 싶지 않은가? '이생망'이 아니라 '갓생살기'를 해 보자. 그렇다고 조급해할 필요는 없으나 멈춰 있지만은 말자.

셋째, Question. 친구, 가족, 동료에게 좋아하는 일이 무엇인지 물어봐라. 한국고용정보원에서 발간한 『한국직업사전』에 따르면 우리나라 직업 수는 12,823개(2019. 12. 31. 기준)이다. 우리가 알고 있는 직업의 수는 빙산의 일각 수준에 불과할 정도로 이 세상에는 돈을 벌기 위해 할 수 있는 일이 매우 많다. 그러나 우리가 이 모든 직업을 경험할 수는 없다. 따라서 주변 사람의 힘을 빌려 세상을 보는 시야를 넓혀 나가길 바란다. 내 주변 지인이 좋아하는 일이 무엇인지 탐색해 보는 과정을 통해 내가 알지 못했던 새로운 분야를 알게 되고 그 분야에 흥미를 느낄지도 모른다.

사실 우리는 자신 이외에 다른 사람에게 큰 관심이 없다. 아무리 친한 사이라 하더라도 그 사람이 정말 무엇을 좋아하는지 관심을 갖고 물어보지 않으면 이미 관심사에 대해 이야기 했다 하더라도 기억하고 있지 않을 확률이 높다. 앞으로는 그들의 삶에 귀를 기울이고, 그들이 지향하는 삶의 미래에 관심을 둬보자. 그 노력만으로도 우물을 벗어난 개구리가 될 수 있을 것이다.

정말 친한 사이라면 반대로 이렇게도 한번 물어보자. "내가 뭐 할 때 즐거워 보여?" 이 질문을 통해서 또 다른 힌트를 얻을 수도 있다. 나 또한 나를 잘 모르기 때문이다.

다시 한번 정리하면 다음과 같다.

첫째, Thinking. 과거 즐겼던 활동이나 취미에 대해 생각하라.

둘째, New challenge. 새로운 것을 시도하고 경험하라.

셋째, Question. 친구, 가족, 동료에게 좋아하는 일이 무엇인지 물어봐라.

우리가 좋아하는 일을 찾아내야만 하는 이유는 서두에 이야기하였듯이 결국 나의 행복한 인생을 위해서다. 직장에서 하루 8시간을 근무한다고 가정했을 때, 출퇴근 시간과 휴게 시간을 포함하면 직장을 위해 소비하는 시간이 하루에 적어도 10시간은 된다고 볼 수 있다. 이는 24시간 중 절반 정도를 사용하는 일이며, 잠자는 시간을 제외한다면 하루 대부분을 일하는 데 소비하고 있다. 이렇게 귀중한 시간을 돈을 벌기 위해 어쩔 수 없이 쓰고 있다면 얼마나 비통한 일인가. 어떤 일을 하든 마냥 즐겁기만 하지는 않을 것이다. 그러나 좋아하는 일을 하면 힘들더라도 버틸 수 있는 힘이 생기고 지속할 수 있다.

좋아하는 일을 하면서 사는 사람을 보며 마냥 부러워만 하지 말자. 분명 당신도 그렇게 살 수 있다. 다만, 속도의 차이일 뿐이다.

한 번뿐인 인생 행복하게 살아야 하지 않겠는가?

월급 독립 프로젝트

"잠자는 동안에도 돈이 들어오는 방법을 찾아내지 못한다
면, 당신은 죽을 때까지 일을 해야만 할 것이다."

- 워런 버핏

평생직장이란 말은 사라진 지 오래다. 과거에는 평생 일을 할 수 있고,
내가 그만두지 않는 한, 꾸준히 다닐 수 있는 직장이 최고의 기업이었지
만, 현재 우리가 살고 있는 시대는 은퇴할 때까지 한 직장을 지속하기 어
려운 것이 사실이다. 사회와 경제가 급격하게 변하고 있고, 이에 따라 개
인과 개인, 기업과 기업이 무한 경쟁을 할 수밖에 없다. 예측할 수 없는 경
제 상황에서 우리를 책임져 줄 회사는 전 세계 어디에도 없다. 정년이 보
장된다 해도 100세 시대에 은퇴 후 최소 30년 이상은 다른 일을 하며 살아

야 할 것이다. 다시 말해, 우린 직장이 아닌 직업을 가져야 한다. 그러기 위해서는 끊임없이 공부하고 새로운 시도들을 해야 할 것이다.

자본주의 시장에서 돈을 버는 방법은 정해져 있다. 투자를 통한 금융소득, 물건을 팔거나 임대하거나 서비스를 파는 사업소득, 내 시간과 노동력을 파는 근로소득이다. 예전에는 사업하면 망한다는 말이 많았다. 실제로 그러했다. 유지하는 데 비용이 발생하는 오프라인 매장이 기본적으로 필요했기 때문이다. 하지만 지금은 오프라인 상가도 필요 없을뿐더러 자본금도 필요 없거나 적게 할 수 있는 사업들이 많기 때문에 사업을 한다고 망하는 시대는 아니다. 자본금 부담이 없으면서 실패할 확률이 적고 누구나 도전할 수 있는 사업, "그게 도대체 뭔데?"라고 궁금증이 생겼다면 이제부터 집중해라.

첫째, 물건을 팔아라. "당장 돈이 없는데 어떻게 물건을 팔아요?"라고 한다면 잘 들어라. 물건은 살 필요가 없다. "물건을 팔라면서 물건을 사지 말라니?" 오프라인 매장이 없기 때문에 가능한 이야기다. 소비자가 돈을 지불했다고 하더라도 그 자리에서 바로 물건을 내어주지 않아도 되는 시스템이라면 누구나 물건 없이도 물건을 팔 수 있다. 온라인 매장(네이버, 쿠팡, 11번가, 지마켓, 옥션, 중고나라, 당근마켓, 맘카페, 번개장터 등등)에 물건을 올리는 것은 물건이 없어도 충분히 가능하다. 수량의 제한도 없다. 일단 팔고 싶은 물건을 온라인 매장에 올려라. 그리고 주문을 받으면 그때 물건을 사서 고객에게 전달하면 된다. 그리고 고객에게 돈을 받으면 된다.

여기서 중요한 것은 '[고객에게 받은 돈]-[내가 산 물건 값]=수익'이라는 것이다. 물론 나중에는 세금도 내야 하겠지만 그 부분은 제외하겠다. 어차피 돈을 버는 만큼 세금을 내는 것이니 일단 돈을 벌고 난 후에, 세금은 전문가인 세무사에게 맡기든지 별도로 공부할 것을 추천한다.

그러면 결국 싸게 사서 비싸게 팔아야 돈을 벌 수 있는 것이다. 그렇다고 싸구려를 사서 눈탱이를 치라는 말이 아니다. 고객에게 받을 돈보다 싸게 사서 내가 산 가격보다 비싸게 팔면 된다. 물론 내가 물건을 공짜로 구하거나 직접 만든다면 실현할 수 있는 수익은 더 커질 것이다.

둘째, 서비스를 팔아라. 지금은 전문가만 서비스를 팔 수 있는 시대가 아니다. 초보는 왕초보를 대상으로, 중수는 초보를 대상으로 서비스를 팔 수 있다. 그것도 온라인으로 시간과 공간에 제약 없이 말이다. 예를 들어 당신이 온라인 플랫폼을 통해 물건을 팔아 월 100만 원의 수익을 얻었다고 치자. 그러면 그러한 경험을 가지고 전자책을 만들어 서비스 중개 플랫폼(크몽, 탈잉, 클래스101, 클래스유 등)에 올리면 그야말로 자는 동안에도 돈을 벌 수 있는 또 하나의 시스템을 만들 수 있다. 수익을 이뤄낸 나의 이야기가 궁금한 소비자들은 관련 내용이 담긴 전자책을 자연스럽게 찾을 것이기 때문이다.

또, 전자책을 만들어 판매가 이루어졌다면 이러한 경험으로 온라인 강의를 할 수도 있다. 그것이 전자책을 만드는 방법이든 물건을 파는 방법이든 당신의 모든 경험을 필요로 하는 사람들에게 제공하라는 말이다. 전자책을 플랫폼에 등록하는 과정이 어렵다면 비밀번호를 걸어서 개인 블로그에 올리고 홍보를 해라. 그럼 오히려 플랫폼 수수료도 내지 않는다.

셋째, 콘텐츠를 만들어라. "저만의 콘텐츠가 없는데요?" 자기만의 콘텐츠는 이 세상 어디에도 없다. 지금까지 유튜브 채널에 한 개의 영상도 올리지 않았다면 뭐든 찍어 올려봐라. 누군가 당신의 영상을 보고 댓글을 다는 신기한 경험을 하게 될 것이다. 일하는 모습이든 공부하는 모습이든 놀고 있는 모습이든 얼굴이 안 나와도 상관없다. 어떤 유튜버는 얼굴이 드러내지 않고 말도 하지 않으며 자막도 없이 이어폰을 끼고 공부하는 모습만 나오는 영상을 올리는데도 구독자가 40만 명이 넘고 조회 수도 400만이 넘는다. '구독, 좋아요'를 요구하지도 않는다. 해당 유튜버가 의도했든 안 했든 결과적으로 공부하면서도 돈이 벌리는 시스템이 만들어진 것이다.

영상이 부담스럽다면, 내가 관심 있는 주제로 블로그를 만들어 운영해봐라. 이 과정에서 양질의 블로그 콘텐츠를 만들기 위해 그동안 내가 알고 있었던 내용과 더불어 관련된 전문적인 정보를 검색해 덧붙인다면 어느 전문가 못지않은 블로그로 성장시킬 수 있다. 방문자 수가 어느 정도 확보된 블로그를 만들기만 하면, 광고는 알아서 찾아올 것이며, 이를 통해 자연스럽게 수익형 블로그로 자리 잡을 수 있게 된다.

당신의 시간은 한정적이며 당신의 모든 행동이 콘텐츠가 될 수 있다. 유튜브든 틱톡이든 인스타든 블로그든 원하는 모든 플랫폼에 당신의 콘텐츠를 올려라. 모두에게 시간은 공평하지만 1시간의 가치는 모두 다 다르다. 다시 한번 정리하자면 다음과 같다.

첫째, 물건을 팔아라.

둘째, 서비스를 팔아라.

셋째, 콘텐츠를 만들어라.

"무슨 물건을 팔아요?", "어떤 서비스를 팔아요?", "어떤 콘텐츠를 만들어요?"라고 한다면 어떤 물건과 서비스, 콘텐츠를 팔고 만드는지가 중요한 게 아니라 어떻게 팔고, 만드는지가 중요한 것이다. 당장 도서관에 가서 마케팅 관련 책 10권만 읽으면 어떤 물건이든 팔 수 있을 것이다. 당신은 직장에 들어가기 위해 초등학생부터 최소 10년 이상 공부를 했는데 이정도 노력도 없이 돈을 벌겠다는 것은 말도 안 되는 일이다.

자본주의 시장에서 마케팅을 모르고 살아간다는 것은 마치 빙판길을 걷는 것과 같다. 특히, 사업 초반에는 운이 좋게 잘 팔릴 수도 있을 것이다. 사실 이때가 가장 위험하다. 마케팅의 기초 없이 사업을 무리하게 확장하면 그 때문에 부담해야 하는 리스크는 온전히 내가 져야만 하기 때문이다. 따라서, 자신감이 생겨 물건 단가를 낮추기 위해 대량으로 사업(팔 물건을 미리 구매해 놓는 것)한다면 그때는 손실이 클 것이다. 그러니 사업 아이템과 서비스, 콘텐츠에 대해 구체적인 생각이 있더라도, 시장의 흐름을 이해하고 경쟁사와 잠재 고객의 행동을 철저하게 분석하는 과정은 선행되어야 함을 잊지 말아야 한다.

이제는 안정적이라는 이유로 회사의 월급만 받으며 미래에 대한 준비 없이 시간을 허비해선 안 된다. 언제든 회사를 그만둘 수 있으며, 불현듯 새로운 일을 통해 돈을 벌어야만 살 수 있는 순간이 올 수 있음을 인지하고 월급 독립 프로젝트를 실행해야만 한다.

돈을 벌기 위해
반드시 알아야 할 '3W 전략'

"태어나서 가난한 건 당신의 잘못이 아니지만 죽을 때도 가
난한 건 당신의 잘못이다."

- 빌 게이츠

군인이 전투에 참가하기 전 어떠한 무기를 갖고 어떤 적을 상대로 어떤
부대가 싸울지 계획 수립을 하듯, 우리도 돈을 벌기 위해 전략을 세워야
한다.

직장에서 일하는 것 이외 돈을 벌 수 있는 방법에는 10가지가 있다.

1. **프리랜서로 일하기**: 자신의 전문 분야나 기술을 가지고 다른 회사나
   개인들에게 프리랜서로서 일을 제공하는 것으로 시·공간에 제약을

받지 않는 경우도 많다. 웹 개발, 디자인, 글쓰기, 마케팅 등 다양한 분야에서 일할 수 있다.

2. **창업하기:** 자신의 아이디어나 기술을 활용하여 스스로 사업을 시작하는 것으로 제품이나 서비스를 개발하고 판매하여 수익을 올릴 수 있다. 보통 기업가정신이 투철한 개인이 자신의 창의적인 아이디어를 실현하며 돈을 버는 방법으로 국가의 창조 경제에 도움을 준다.

3. **부동산 투자:** 부동산 시장에서 투자하여 임대 수입이나 부동산 가치의 상승으로 수익을 창출할 수 있다. 주택이나 상업용 부동산을 구매하고 임대나 재판매 등을 통해 수익을 얻을 수 있다.

4. **주식 투자:** 주식 시장이나 투자 기회를 통해 수익을 창출할 수 있다. 주식, 채권, 상품 등에 투자하여 자본을 증대시키는 방법이 있다. 부동산 투자와 마찬가지로 잃지 않는 투자를 위한 공부는 필수이다.

5. **온라인 비즈니스:** 인터넷을 통해 상품 판매, 서비스 제공, 온라인 광고 등의 온라인 비즈니스를 시작할 수 있다.

6. **플랫폼 경제:** 인터넷 플랫폼이나 모바일 앱 등 플랫폼 경제에서 일하거나 서비스를 제공하여 수익을 창출할 수 있다. 예를 들어, 운전자로서 차량 공유 플랫폼에 가입하거나 숙박 시설을 공유하는 플랫폼에 숙박 시설을 등록하는 등의 방법이 있다. 플랫폼 경제는 서비스를 이용하고자 하는 사용자의 접근성이 높고, 비용과 시간을 절감할 수 있다는 장점을 가지고 있다.

7. **온라인 강의 및 컨설팅:** 자신이 가지고 있는 전문 지식이나 기술을

활용하여 온라인으로 강의나 컨설팅을 제공하여 수익을 올릴 수 있다. 과거에는 관련 전문성을 가지고 있는 사람에게만 기회가 주어졌으나, 최근에는 누구나 자신이 경험한 성공 사례가 있다면, 이를 바탕으로 전문 지식과 기술을 알리고 수익을 얻을 수 있다.

8. 블로그나 YouTube 채널 운영하기: 특정 주제에 대해 블로그를 운영하거나 YouTube 채널을 개설하여 광고 수익이나 스폰서십을 통해 수익을 얻을 수 있다.

9. 중고 물품 판매하기: 더 이상 사용하지 않는 물건들을 중고 온라인 마켓플레이스나 소셜 미디어를 통해 판매하여 수익을 얻을 수 있다.

10. 창작물 판매하기: 자신의 창작물을 인쇄물, 예술 작품, 사진 등의 형태로 제작하여 온라인 플랫폼이나 예술 시장에서 판매할 수 있다.

직장을 다니면서 안정적인 소득으로 돈을 벌 수 있지만, 재산을 크게 불리기에는 한계가 있기 때문에 자신의 아이디어나 기술을 바탕으로 창업을 하거나, 자본금을 가지고 더 큰돈을 벌 수 있는 투자를 할 수도 있다. 또한 온라인의 성장과 발전으로 집에서도 자신의 기술과 아이디어를 판매할 수 있으며 이를 통해 수익을 실현할 수 있고, 내가 가진 기술과 창의적인 아이디어가 없다고 하더라도 사람들이 관심을 두고 궁금해할 만한 내용을 바탕으로 유튜브 영상이나 블로그를 만들어 광고 수익을 기대할 수도 있다.

이렇게 현대 사회에서 돈을 벌 수 있는 수단은 정말 많지만, 어떤 방법으로 돈을 벌어야 할지는 스스로 고민하고 선택해야 한다.

우리가 고민해야 할 것은 다음 세 가지이다.

첫째, What? 어떠한 상품 혹은 서비스를 제공할 것인가?

둘째, Who? 어떤 대상에게 제공할 것인가?

셋째, Where? 어디에서 제공할 것인가?

가장 먼저, What? 어떠한 상품과 서비스를 제공할 것인가? 이것은 남들과 달리 내가 가지고 있는 가치와 기술이 무엇인지 객관적으로 바라보는 것이 중요하다. 아마 대부분은 자신이 어떤 분야에 소질이 있고, 잘할수 있는지 알기 어려워할 것이다. 그러나 여기서 말하는 what은 그리 거창하거나 대단한 것이 아니다. 대학교에 진학한 이후, 직장을 다니거나 다양한 사회 경험을 해왔다면 내가 가장 관심을 두고 행했던 일을 생각해보자. 제공할 수 있는 상품과 서비스가 단순히 내가 가진 자격증이나 전문 기술이 될 수도 있지만, 어린 시절 즐겨 했던 취미가 될 수도 있다. 예를 들어, 어려서부터 친구들의 고민과 걱정을 들어주고 상담해주는 것에 즐거움을 느꼈다면 온라인 플랫폼을 이용해 다양한 사람의 고민을 해결해주는 컨설턴트로 활동하여 수익을 낼 수 있다.

두 번째는 Who? 어떤 대상에게 제공할 것인가를 고민해야 한다. 직장을 다닌다면 내가 가진 성실함과 노동력을 회사에 제공하는 것이지만, 프리랜서로 활동하거나 창업을 하게 되면 내가 노동을 제공해야 하는 주체가 굉장히 넓어지고 다양해진다. 프리랜서를 예로 들어보겠다. 내 기술과 아이디어를 사기 위해 개인이 요구할 수도 있지만, 기업이나 비영리 단체, 소상공인과 자영업자 등 다양한 형태의 대상이 접근할 수 있다.

마지막은 Where? 어디에서 제공할 것인가의 영역이다. 과거에는 회사나 매장에 출근해야만 돈을 벌 수 있었다. 그러나 지금은 스마트폰과 컴퓨터만 있다면 원하는 곳이 어디든 자유롭게 일을 해서 돈을 벌 수 있다. 온라인에서도 플랫폼에 따른 타깃층과 특성이 다르기에 전략을 달리해야 더 큰 수익을 기대할 수 있다.

최근 MZ세대를 중심으로 직업관이 빠르게 변화하고 있다고 한다. 과거에는 직장과 단체에 속하는 공동체 생활이 중요했지만, 현재는 개인이 존중받는 일을 선택하고 있다. 이는 안정적으로 주목받던 공무원의 경쟁률이 떨어지고, 개인의 아이디어나 기술을 직접 제공할 수 있는 프리랜서나 창업, 플랫폼 경제 등이 기하급수적으로 늘어난 현상에서 간접적으로 느낄 수 있다. 실제로 2011년 최고치를 찍었던 공무원 시험 경쟁률이 2022년에 가장 최저를 기록하였다고 한다. 반대로 한 취업 플랫폼의 조사를 따르면 직장인과 구직자 설문조사에서 60% 이상이 창업하고 싶다는 답변을 보였다.

만약 당신이 새롭게 수익을 창출하기 위해 어떤 일을 할 수 있을지 고민하고 있다면, 앞서 설명한 3W 전략을 이용해라.

이제, 내면이 충만한 삶을 자신에게 선물하라

"생각하는 대로 살지 않으면 사는 대로 생각하게 된다."

- 폴 부르제

지금까지 돈을 버는 방법에 대해 이야기했지만, 가장 중요한 것은 내면을 채우는 것이다. 사실 내면을 채워 내가 누군가에게 필요한 사람이 되면 돈을 좇아 일할 필요가 없다. 한국은 다른 어떤 나라보다 스트레스와 일에 대한 압박이 심한 사회라고 할 수 있다. 특히, 돈을 벌기 위해 직장에서 업무를 하면서 받는 스트레스가 가장 높은 편이다. 직장을 다니든, 창업하든 높은 강도의 일을 하면서 최대한 많은 돈을 벌려고 하는 한국인의 특성이 반영된 것이기도 하다. 2022년 세계 85개국을 대상으로 벌인 살기 좋은 국가에 대한 평가에서 대한민국은 고작 20위에 머물렀다. 이 수치는 지난 조사보다 3위나 내려간 순위이기도 한데, 다른 선진국과 큰 차이를 보여준다. 1위를 차지한 스위스부터 독일, 캐나다, 미국 등의 선진국은 공동생활도 중요하지만, 개인에게 스트레스를 주지 않기 위해 온 힘을 다한다고 한다. 물론 우리의 관점에서는 지극히 개인만 중시하는 것처럼 보이지만, 개인이 먼저 행복해야 조직과 단체도 생산적인 일을 할 수 있다는 것을 보여주기도 한다.

만약 스트레스를 무시하고 계속 일에만 매진한다면 신체적으로도 정신적으로도 큰 문제가 생기게 된다. 현 사회에서 묻지 마 폭행과 살인 등의 엽기적인 범죄가 증가한 것도 이 때문이라는 연구 결과가 있다. 그러니 돈을 벌고 수준 높은 삶을 지향하는 것도 좋지만, 나를 먼저 생각하는 내면의 가치 있는 삶을 추구하는 것이 중요하다. 내면을 지키는 가치 있는 삶을 살기 위한 노력에는 어떤 것이 필요할까?

가장 먼저, 구체적이고 측정 가능한 삶의 목표를 설정하자. 대부분의 사람은 뚜렷한 목표나 계획 없이 일을 하고 직장을 다니는 경우가 많다. 그러나 이렇게 무계획으로 살게 되면 순간순간이 희생이고 고난이며, 단순 노동밖에 되지 않는다. 또한 작은 위기가 오더라도 크게 흔들릴 수 있고, 방황하게 되며, 다시 원상태로 돌아오는 데 오랜 시간이 걸릴 수 있다. 반대로 뚜렷한 인생 목표를 가지고 살아간다면 지금 이 순간은 목표를 이루기 위한 값진 시간이고 노력이며, 성공을 위해 나아가는 과정이다. 그래서 인생의 구체적인 목표가 있는 사람이 겪는 작은 위기는 모두 시행착오일 뿐 큰 문제가 되지 않는다.

따라서 지금부터라도 삶의 목표를 구체적이고 뚜렷하게 계획해 보자. 내가 살아가야 할 방향과 지향점을 반드시 구체화하여야만 더 나은 삶을 살 수 있고, 행복을 누릴 수 있다. 단, 돈 많이 벌기, 건강하기, 행복하기 등의 명확하지 않은 목표보다 '2년 안에 1억 모으기', '일주일에 3회 이상 땀 흘려 운동하기', '좋아하는 취미 활동을 주 1회 이상 하기' 등으로 구체적으로 설정해야만 이를 해냈을 때 느끼는 뿌듯함과 행복이 크다.

가치 있는 삶을 살기 위한 두 번째 노력은 바로 내면에 귀를 기울이는 것이다. 삶의 목표를 설정한 이후 내가 진정 이 일을 가치 있게 생각하고 삶을 살아가는 데 충분한 동기 부여가 되는지 살펴보는 것이 중요하다. 내 기술과 아이디어로 할 수 있는 일은 맞지만, 내가 지향하는 삶의 방향이 아니라면 지금이라도 다른 일을 찾아보는 것이 좋다. 그렇지 않으면 가치관과는 다른 업무로 스트레스가 가중될 수 있고, 일에 대한 생각이 부정적으로 인식될 수밖에 없기 때문이다.

주변을 살펴보면, 그동안의 직업을 버리고 전혀 다른 일을 하며 행복하게 살아가는 인물들이 많다. 대표적으로 개그맨으로 데뷔했지만 지휘자로 활동하고 있는 김현철과 기자로 전향한 조정린 등이 있다. 이들의 직업 전향이 다른 사람 눈에는 생뚱맞아 보일 수 있지만, 사실 그들은 어려서부터 진짜 하고 싶었던 일에 도전한 것이다. 지금부터라도 스스로도 잘 알지 못했던 내면이 하는 이야기에 귀를 기울여보자. 정말 내가 하고 싶은 것은 무엇인지, 내가 무엇을 할 때 기쁜지 알아야 가치 있고 행복한 삶을 누릴 수 있을 것이다.

마지막으로 일과 삶을 적절하게 균형 잡아 사는 것이 중요하다. 일과 삶의 균형을 뜻하는 워라벨이 가치 있는 삶에서 필수라는 이야기다. 과거에는 직업의 유지를 위해서 야근을 두려워하지 않고, 높은 강도로 일하는 것이 빠른 성장의 지름길이라고 여겨졌다. 그러나 지금은 높은 강도로 일하거나, 퇴근 후에도 업무에서 벗어나지 못한다면 개인의 삶이 없어져 결국에는 행복까지 사라지게 된다고 한다. 이러한 사회적 인식은 만연해졌지만, 여전히 한국 사회는 워라벨이 보장받는 사회라고 보기에는 어려움이 있다. 2021년 OECD 통계 자료를 보면, 한국 25세~54세 근로자 기준 1주일간 일하는 평균 시간이 41시간으로 최하위를 기록했다고 한다. 이와 반대로 개인의 취미와 여가를 즐기는 시간은 포르투갈과 리투아니아를 제외하고 가장 낮은 수치를 보였다.

한국인들은 우울감이 높고 행복도가 매우 낮은 것으로 알려졌다. 따라서 지금부터라도 일과 삶의 균형을 찾는 것이 매우 중요하다. 내가 먼저 행복하고 즐거워야 일의 능률과 생산성도 향상하기 때문이다. 워라벨을 위한 방법으로는 정시에 퇴근하기, 퇴근 후 업무 연락 자제하기 등이 있다. 물론, 개인보다는 조직과 단체에서 더욱 신경 써야 하는 부분이 많지만, 직장과 나 자신을 철저히 분리하는 나의 노력에서부터 시작된다. 퇴근 후 1시간이라도 가족들과 시간 보내기, 운동하기, 취미 활동하기 등 개인으로서 할 수 있는 일부터 시작하는 것도 워라벨을 만드는 데 큰 도움이 될 것이다.

만약 당신이 죽음을 앞두고 있다면, 그동안 나의 삶을 뭐라고 정의할 수 있겠는가? 한 번뿐인 인생인데 일과 돈에만 눈이 멀어 정작 주변 사람들과 행복하고 가치 있는 삶을 살지 못했다면 인생 말년에 반드시 후회할 것이다. 이제부터라도 목표를 가지고 내면과 균형을 이룬 삶을 개척해나가자. 앞서 설명한 대로 구체적인 목표를 설정하고 균형 있는 삶을 사는 가치 있는 삶은 나 자신뿐만 아니라 내 주변 사람에게도 영감과 격려 등 긍정적인 영향을 주는 큰 역할을 한다. 어떤 위기와 어려움에도 크게 흔들리지 않고, 긍정적인 마음으로 이겨낸다면 나도 모르는 사이에 순간과 인생을 즐기고 있다는 사실을 깨닫게 될 것이다.

또한, 내적 만족과 평화를 누리게 되면서 자연스럽게 지속적인 성장과 발전도 기대할 수 있게 된다. 무엇을 하든 자신감이 넘치고 실패를 두려워하지 않기 때문에 어떤 일도 성공적으로 수행할 수 있다고 기대하는 신념의 자기효능감이 높아지기 때문이다. 자기효능감을 바탕으로 한 새로운 경험과 도전은 내가 가지고 있는 기술과 아이디어를 더욱 향상하는 데 도움이 되며, 한정적이었던 삶의 영역을 더욱 넓고 다양한 영역으로 확대해 나갈 수 있어 눈부신 개인 성장도 이룰 수 있다.

돌이켜보면 안정적인 직장에서 월급을 받으며 살아왔지만 내면은 늘 공허했었다. 나의 인생을 살아가고 있다는 느낌이 들지 않았다. 앞으로 나아가지 못하고 제자리걸음만 반복하는 듯했다. 지난 삶을 후회하거나 스스로 책망하고 싶지는 않다. 그저 해야 할 일을 했을 뿐이며, 그동안 잘 버텨냈고 잘 살아냈기에 수고했다는 위로의 말을 해주고 싶다. 비록 짧지 않은 시간이 걸렸지만 모든 과정이 지금의 나를 있게 하였고, 앞으로의 삶에 있어 분명 도움이 될 것이다. 지금의 나는 불안하지만 행복하다. 여러 시도를 통해 내면이 채워졌고 세상에 휘둘리지 않고 내면을 채우려고 노력하고 있다.

먼저 경험해 본 사람으로서 말하자면 당신도 분명 행복한 삶을 살 수 있다. 당신에게는 사회를 변화시키고 세상을 바꿀 만한 잠재력이 숨겨져 있다. 나 자신에게 집중하고 내가 진정으로 원하는 일을 향해 달려 나간다면 내 안에 숨어 있는 잠재력은 언제든 자연스럽게 발휘될 것이다. 부디 작은 용기를 낼 수 있길 바란다. 언제나 당신의 도전과 내면이 꽉찬 미래를 응원 드린다.

아빠의 경제 독립 프로젝트

자신과 가족을 생각하면서 다시 일어서기 위해서 경제 공부를 시작한 허석화 저자의 스토리는 글에서 따뜻한 마음을 읽을 수 있는 귀한 시간이었다. 경제 용어부터 시작해서 경제 흐름과 실전 지식까지 하나하나 단계별로 공부해 나가면서 저자는 경제와 재테크를 진정 원하는 삶을 살아가기 위한 원동력이자 도구로 만들어나갔다.

저자는 돈을 벌기 위해 반드시 알아야 할 3W 전략 등 진정 좋아하는 일을 발견하기 위해 다양한 시도를 하는 과정에서 깨닫게 된 귀한 지혜와 인사이트를 나누고 있다.

살다 보면 직장을 다니면서도 어딘지 모르게 공허하고 불안한 마음을 느끼게 되는 순간이 있다. 그런 감정이 자신에게 찾아왔다면, 그런 감정을 그저 무시하지도 말고 그렇다고 직장을 갑자기 그만두지도 말 것을 권하고 싶다. 무시한다면 한 번뿐인 인생의 행복을 영원히 놓칠 수 있게 될 것이고, 직장을 갑자기 그만둔다면 경제적 어려움으로 잠시 자유로운 듯하나 다시 더 힘든 원점으로 돌아가게 될 수 있기 때문이다. 그렇다면 무엇을 해야 할까? 그 감정을 자세히 들여다보자. 그리고 허석화 저자의 책을 손에 쥐고 중간중간 포함된 핵심 질문에 대한 답을 적어보자. 하나씩 실마리가 풀릴 것이다.

PART 7

무조건 돈 버는
부동산 투자의 비밀

이준표

임상병리사, 종합 병원 근무 15년
종잣돈 1,000만 원으로 부동산 투자 시작
현재 서울 강남 3구 부동산 물건 다수 보유
직장인도 월세 받는 상가 투자, 서울 재개발, 세컨하우스 투자 비법 공유

죽도록 일했지만
빚만 늘었다

    종잣돈 1,000만 원으로 부동산 투자를 시작해서 지난 십여 년간 직장인 투자자로서 하루하루 치열하게 살아왔다. 수십 채의 아파트, 세컨하우스, 토지, 상가 등을 거래하고 이에 더하여 서울 강남 3구 부동산 물건을 다수 보유하며 경제적 자유 시스템을 구축했다. 과거에는 365일 쉬지 않고 일해야만 간신히 벌 수 있었던 연봉을 투자해 둔 자산으로부터의 현금 흐름과 시세 차익으로 벌게 되었다.

    그러나 현재 나의 모습과 달리 불과 몇 년 전만 해도, 나는 '종잣돈이 부족해.' '시간이 부족해.' '아는 것도 없어.' 등등 수많은 핑계 속에서 하루하루 오늘도 어제처럼 시간이 정지되어 버린 사람처럼 살아갔었고 미래의 희망이라고는 한 가닥도 없었다.

    '에이, 그래도 몇 년만 더 일하고 참으면 나아지겠지!' 텅 빈 통장 잔액을 보면서 불안했다. 아이가 태어나고 외벌이가 되면서 경제적인 고민으로 잠 못 드는 날도 많았지만, 조금 더 참으면 모든 것이 나아질 거라는 실낱같은 희망을 안고 십여 년을 묵묵히 출근했다. 쉬지 않고 죽도록 일했지만, 이상하게도 하루하루 빚만 늘어가고 있었다.

2010년 겨울, 내 수중에는 오히려 마이너스 통장 빚만 있었다. 어느 때와 마찬가지로 사무실 바로 옆자리 직장생활 20년 차 선배와 구내식당에서 식사를 하고 커피를 마셨다. 그나마 유일한 낙은 점심시간 1시간이었다. 그 시간이면 밥을 먹고 서로 얼굴을 찡그리며 인생 힘든 이야기와 직장 상사 욕하는 것이 직장생활의 유일한 낙이었다.

"집주인이 전세금을 1억을 올려 달라고 전화를 했더라고. 나 원 참. 큰애 등록금도 마련해야 하는데." 선배는 긴 한숨을 쉬었다. "아니, 그렇게 많이 올려 달래요? 황당하네요!" 나는 더 격분하면서 공감했지만, 마음 한 구석의 불안감은 더욱 커졌다.

'17년을 일해도 결국 계속 쪼들리며 사는 거구나.' 나도 모르게 미래의 내 암울한 모습이 그려졌다. 선배의 모습은 곧 미래 나의 모습이었기 때문이다. '이렇게 가만히 있어서는 안 되겠다!' 죽도록 일만 해도 마이너스 대출만 늘고 있던 나의 상황은 그 선배보다도 더욱 한심하기도 했고, 이제는 어떻게든 다른 방향으로 나가야겠다는 생각이 들었다. 직장생활 10년이 더 지나고 연봉이 조금 높아진다고 해도 나의 형편은 어쩌면 지금보다 더 악화할지 모른다는 생각 때문이었다. 그렇다고 직장을 다니면서 취미로 골프를 치고, 매년 가족과 해외여행을 다니거나, 명품 옷이나 외제 차를 사는 사람이 있는 것도 아니었다. 안 먹고 안 쓰면서 그렇게 살아도 나를 비롯한 동료들과 선배들의 삶은 언제나 근근이 버티기에 온 힘을 쏟는 삶이었다.

십 년 이상 직장생활을 하면서 깨달은 것이 한 가지 있다. 그것은 바로 회사는 직원이 당장 그만두지 못하도록 최소 생계를 유지할 수 있을 만큼만 월급을 주며 시간과 공간의 자유를 모조리 빼앗아 간다는 것이다. 결국 개인은 거대한 조직 안에서 기계의 부품처럼 부속물에 불과하다. 직장 생활만으로는 절대 경제적 자유를 얻을 수 없다. 단순한 한 가지 사실을 깨닫고 나서 내 삶은 송두리째 바뀌었다.

관점을 바꾸고 나니 새로운 세상이 열렸다. 직장을 다니면서도 얼마든지 투자를 시작할 수 있다는 생각이 들었다. 오히려 직장 소득이 발생하고 있을 때, 신용 대출과 담보 대출 등 레버리지를 활용하며 적극적으로 투자하고 경제적 자유의 기반을 닦을 수 있었다.

그렇다면, 직장생활을 하면서도 투자를 성공적으로 해내기 위해서는 어떻게 해야 할까? 3가지 시크릿 투자 비법을 반드시 기억해야 한다.

첫째, 발품보다는 손품을 활용한 다양한 정보 검색 방법을 익혀야 한다.

시간이 부족하므로 다양한 온라인 정보 웹사이트를 활용하여 핵심 정보를 검색해야 한다. 무료로도 돈이 될 수 있는 다양한 정보가 우리에게 많이 오픈되어 있다. 예를 들면 부동산 수요와 입주 물량 파악을 위한 부동산 지인, 아파트 실거래가 분양 정보 파악을 위한 아실, 국토 교통부 실거래가 웹사이트 시스템, 부동산 시세 확인을 위한 KB부동산 웹사이트 등 다양한 정보를 활용하면 투자 가치 파악과 저평가 여부를 사전에 더욱 명확하게 파악할 수 있다. 정보의 홍수 속에서 나에게 꼭 필요한 정보를 찾아내기 위해서는 꾸준히 실질적인 정보를 검색해야 한다.

둘째, 직장 동료와 어울리기보다는 퇴근 후나 주말은 부동산 중개 사장님이나 투자자와의 다양한 인맥을 쌓아야 한다.

특히 부동산 중개소 사장님은 투자 지역의 실질적인 정보를 주는 훌륭한 역할을 하실 수 있다. 중개소 사장님들은 급매 정보를 가장 먼저 입수하는 분들이다. 부동산 중개소 전화나 방문을 두려워하지 말고 주말이 되면 비타500 한 상자라도 들고 인근 부동산 중개소를 방문하거나 전화라도 돌려야 한다.

나의 경우, 신혼 첫 집을 매수할 때 인연을 맺었던 부동산 중개소 사장님과 꾸준한 인맥을 유지했다. 처음 집이 17평이라서 큰 평형으로 이사해야겠다고 생각했다. 그때, 사장님께 전화하니 사장님이 말씀하셨다. "아! 준표 씨, 지금 상속 문제로 세금 때문에 급하게 나온 물건이 하나 있는데, 보실래요?" 그 물건은 시세 대비 5,000만 원이나 저렴한 급매였고 단기에 차익을 낼 수 있었다. 부동산 중개소 사장님들은 특히 투자자들의 동향을 잘 파악한다. 이후에도 부동산에 비타500이라도 사서 들를 때면 "준표 씨, 요즘 투자자들이 세금 때문에 수익형 물건에 투자를 많이 하시더라고." 등 나에게 투자자들의 동향에 맞추어 적합한 시기에 좋은 정보를 주셨다.

셋째, 통장에 모인 자금보다는 레버리지를 활용한 투자 가용 자금을 빠르게 파악해야 한다.

얼마 전 후배가 고민이 있다면서 시간을 내달라고 부탁했다. "선배님,

저는 지금 모은 돈이 3,000만 원밖에 없어요. 이 돈으로는 아무것도 못 하겠죠?"라며 한숨을 쉬었다. 후배는 집을 마련하고 더 나아가 부동산 투자도 해 보고 싶었지만, 목돈이 없었다.

투자 경험이 없는 사람들은 자신의 가용 자금을 제대로 파악하지 못한다. 투자자금은 내가 가진 현금에만 국한되는 것이 결코 아니다. 얘기를 들어보니, 후배는 전세대출도 받지 않았고, 전세 3억인 아파트에 살고 있었다. 또한 마이너스 통장도 없었다. "대출은 전혀 받지 않은 거야?"라고 묻자, "에이, 선배님, 대출 잘못 받았다가 망하는 사람 너무 많이 봐서요." 라면서 거부감을 나타냈다. 자신의 현실에서 벗어나고자 한다면 다윗과 골리앗의 예화를 기억해야 한다. 체구가 작았던 다윗은 자신보다 훨씬 거인인 골리앗을 마침내 이겼다. 그 비법은 바로 지렛대를 사용하여 무거운 돌을 들어 올릴 수 있었고 공격할 수 있었기 때문이었다. 가난에서 벗어나고자 한다면, 지렛대 효과를 활용해야 한다. 결국, 투자 가용 자금은 본인이 전세금으로 묶어놓은 돈, 은행에서 대출받을 수 있는 한도 금액 등 다양한 레버리지를 포함하는 것이다.

외벌이 직장인으로 종잣돈이 부족한 상황에서도 내가 부동산 투자를 통해서 자산을 늘릴 수 있었던 것은 나에게 닥쳐올 월급쟁이의 미래의 모습을 깨닫고 방향으로 바꾸어 과감하게 행동했기 때문이다. 직장생활을 하면서도 성공적으로 투자할 수 있는 위의 3가지 방법을 실행하면서 직장 연봉 이상의 소득을 단기에 투자에서 얻게 되었다. 당신에게도 앞으로 그 길이 펼쳐질 것이다.

투자 공부를 시작하는 순간, 모든 것이 달라졌다

"세상에 나보다 더 재산을 가진 사람은 무수히 많다. 그러나 과연 그들은 4가지 자유를 누리고 있을까? 그들 중 대다수는 그런 것에 아예 눈도 돌리지 않고, 여전히 생계에 쫓기며 끊임없이 일하고, 일하고 또 일할 뿐이다."

-『하와이로 간 젊은 부자 성공 비밀 38』중에서

20대의 나는 부자가 되는 방법을 몰랐고 꿈조차 꿀 수 없었다. 대학을 가고 취업하고 절약하고 검소하게 살면 그것이 최선이라고 생각했다. 해외여행, 수입차, 주말 주택 별장에 대한 욕심은 아예 내 머릿속에 입력조차 되어 있지 않았다. 헛된 바람은 큰 실망만 안겨주는 것이라는 생각에 빛나는 미래를 상상하지 않으려고 애써 억눌렀다.

그러던 어느 날 서점에서 우연히 책 한 권을 보게 되었다. 주인공은 초등학생 시절, 부모님이 사업에 실패하여서 공장에서 일했다. 그는 27세에 작은 사업을 시작하고, 불과 7년 만인 34세에 은퇴를 한다. 하와이의 마우이섬에서 은퇴 생활을 즐기며 행복한 젊은 부자로 경제적 자유를 누리면서 살고 있었다. 나도 모르게 단숨에 앉은 자리에서 책을 다 읽고, 그 책을 사서 집으로 돌아왔다. 밤새 읽고 또 읽으면서 태어나서 처음으로 가슴이 쿵쾅거리면서 두근거렸다.

비록 운동 신경도 뛰어나지 못했고 부잣집 아들도 아니었지만 내 가슴속에는 꿈이 있었다. 나조차도 알지 못했던 그 희미한 꿈은 내 가슴속에서 죽어가다가 그날 그 책과 함께 다시 피어오르기 시작했다.

'나도 하와이에서 머물며 서핑을 하고 고급 외제 차의 주인이 되겠다.'라는 결심이 생겼다.

'내가 과연 할 수 있을까.'라는 의심조차 끼어들 수 없었다. 어느새 내 가슴속에는 미래의 나의 모습이 생생하게 그려졌다.

자식을 위해 평생 고생만 하신 아버지가 살아 계실 때 고급 차로 모시고 바닷가 근처 평화로운 주말 주택도 마련해 드리겠다고 결심했다. 나는 비록 어릴 때 부모님과 해외여행 한번 가보지 못했지만, 두 아이는 반드시 외국에 데리고 나가서 드넓은 세상을 보여줘야겠다는 결심을 했다. 그곳이 하와이가 될 것이라고는 당시에는 상상하지 못했지만, 나중에 아이들과 하와이를 가서 서핑하던 순간, 십 년 전 내가 생생하게 그리던 모습이 그대로 실현되었음에 소름이 끼치고 강렬한 전율이 느껴졌다.

발리 서핑 사진

해외 한 달 살기 여행 사진

나의 첫 BMW 사진

자녀들과의 오붓한 시간

목표가 생기던 그날 매일 일상적으로 습관처럼 밤새 하던 바둑 게임과 전쟁 게임을 핸드폰과 컴퓨터에서 삭제했다. 구멍 뚫린 운동화 따위 아랑곳하지 않고 투자를 위해서 부동산을 방문하기 시작했다.

당시 직장에서 3교대 근무를 마치고 나면 새벽 5시였다. 고속버스 터미널에서 캔 커피를 마시고, 지방 지역 방문을 위해서 고속버스에 몸을 실었다. 내가 처음 투자를 시작하던 당시, 지방 부동산 시장은 침체기를 겪고 있었다. 주변 사람들은 "도대체 무슨 생각으로 지방에 투자하려고 하냐."면서 말렸지만, 나는 나에게 온 기회를 놓치고 싶지 않았다. 위기가 기회라는 말은 수많은 책에서 보았다. 내 운명을 바꿀 시기라는 확신이 들었다. 나의 예상대로, 소액으로 적게는 몇백만 원에서, 많게는 몇천만 원까지 다양한 부동산 물건에 투자할 수 있었다. 지방 부동산 침체기로 급매로 나온 우량 물건이 많았고, 좋은 물건을 매수하여 전세를 주고 원금을 바로 회수했다. 투자가 진행되면서 자금이 오히려 회수되고 소위 말하는 플러스 피투자가 이루어졌다. 예를 들면 매수를 1억 원에 했던 물건을 1억 1천만 원에 전세를 놓는 것도 가능했다. 자본금은 점점 커졌고 이후 나는 투자 범위를 넓혀서 경기도로 진입했다. 그리고 마침내 서울 노른자 땅인 종로에 상가를 매수하고 강남 3구에 아파트를 매수하면서 우량 물건으로 자산을 축적해 나갔다. 투자 종목 역시 처음에는 소형아파트뿐이었지만, 이후 중대형 아파트, 토지, 상가 등 확대되었다.

젊은 나이에 부자로 은퇴하기 위해서는 3가지 공식이 필요하다. 나는 이것을 "영리치 공식Young Rich Principle"이라고 부른다.

첫째, 가슴이 뛰는 나만의 목표를 설정한다. 목표란 앞으로 나아갈 방향을 알려준다. 목표를 찾는 것이 힘들다면 다양한 독서를 권하고 싶다. 책 속에는 당신과 같은 고민을 하고 당신보다 더 열악한 환경에서 극복해낸 사람의 이야기가 담겨 있다. 그리고 그 안에서 어떤 방법으로 극복하고 탈출했는지 알아낼 수 있다. 책을 읽는 것이 힘들다면 영화를 보는 것도 도움이 될 수 있다. 책을 읽는 것이 힘들 때, 나의 경우 영화를 자주 봤다. 어느 날 짐 캐리 주연의 〈예스맨Yes Man〉이라는 영화를 봤다. 영화 속 주인공인 칼은 항상 부정적인 대답과 생각에 가득 차 있던 은행원이었다. 그러던 어느 날 그는 "Yes"라는 세미나에 참가한다. 다소 무모해 보일 수 있지만, 그는 이후 모든 것에 긍정으로 답하기로 결심한다.

"예스는 서약 따위 의무감이 아닌 진정한 마음에서 우러나오는 거야. 결국엔 진심에서 우러나온 예스가 널 변화시키는 거고." 영화의 대사이다. 당신이 정한 목표는 반드시 가슴에서 우러나오는 강한 Yes를 동반하는 것이어야 한다.

둘째, 부자가 되기 위한 돈 공부에 투자한다. 현재 우리는 정보가 돈이 되는 자본주의 시대에 살고 있다. 돈 공부란 돈을 빠르게 버는 방법, 불리는 방법, 지키는 방법을 말한다. 돈 공부라는 것이 있을 거라는 생각조차 하지 못하던 시절, 나는 무조건 안 먹고 안 쓰는 것이 나를 가난에서 구해줄 것으로 생각했다. 그러나 부자가 되기 위한 돈 공부가 따로 있었다. 학창 시절 부모님이 건물을 갖고 있던 친구가 있었다. 그 친구 아버지는 젊은 시절 봉제 공장을 운영하셨었는데, 나중에는 공장을 매수하게 되셨고, 건물 자체를 매수하셨다. 그리고 그 지역이 재개발되면서 큰 투자 이익을 얻게 되셨다. 이후 자금을 재투자하셨고, 마침내 건물주가 되셨다. 내가 대학 졸업 후 취업을 위해서 목숨을 걸고 준비하던 시절, 그 친구는 매우 여유 있어 보였다. "취업해서 뭐 하냐, 자기 사업을 해야지."라고 툭 내뱉는 친구의 말에 나는 깜짝 놀랐다. 이후 그 친구는 아버지의 의류 사업 방식을 배우고 의류 인터넷 쇼핑몰까지 운영하면서 운동복 쪽으로 큰 돈을 벌게 되었다. 그리고 본인의 아버지가 그랬던 것처럼 부동산 자산에 투자하였고, 자산을 안정적으로 키워나갔다. 돈을 빠르게 버는 방법, 불리는 방법, 지키는 방법까지 모두 새롭게 배워야만 당신은 영리치가 될 수 있다.

셋째, 돈을 일하게 한다. 돈은 예금이나 적금 통장에 들어가 있으면 고인 물이나 다름없다. 단돈 1,000만 원이라도 목돈이 모인다면 투자를 통해서 더 큰 수익을 창출하거나 현금 흐름을 만들도록 돈을 일하게 해야한다. 우리는 학교에서 열심히 공부하고 안정적인 회사에 취업하는 것이 전부라고 배운다. 부모님은 늘 강조하셨다. "얼른 취업해서 자리 잡고 승진하는 게 최고야. 요즘은 공무원이 최고다."라고 말씀하셨다. 심지어 지인 중에는 벌써 10년째 공무원 준비만 하는 선배가 있다. 안타깝게도 공무원이 정년을 보장해준다고 생각하면서 5년 이상을 허비했고, 이후에는 공무원 준비가 아니면 사기업에는 취업하기도 어려울 것이라는 생각에 포기하고 또 공무원 준비만 하고 있다. 몇 년째 공무원 준비를 하는 동안, 지인의 부모님이 자식 생활비와 용돈을 대주고 있다. 참으로 안타깝다.

취업만이 전부라는 생각은 돈을 일하게 하는 방법을 전혀 모르고 있다는 뜻이다.

앞으로 3년 안에 빠르게 부자가 되고 싶은가? 젊은 부자가 되고자 한다면 영리치 공식을 숙지하고 나 대신 돈을 일하게 하는 방법을 배워야 한다. 자신만의 목표를 정하고 돈 공부를 시작하고 돈을 일하게 하는 방법을 배워라. 어느새 당신은 젊은 부자로 드넓은 태평양 상공을 날고 있을 것이다.

행복한 은퇴를 위한 성공적인 세컨하우스 투자 3원칙

세컨하우스 투자 예시: 송지호 해수욕장

나는 서핑을 좋아한다. 파도가 치는 날이면 어김없이 서핑보드를 들고 바다로 향한다.

여름 휴가 기간이 되면 부모님은 내가 6살 때부터 매년 동해안의 거의 모든 해수욕장을 데리고 다니셨다. 자연스럽게 나는 산이나 계곡보다는 바다를 좋아하게 되었고 해외 어느 관광 명소보다도 나는 동해안의 넓고 거친 바다를 사랑한다.

동해안 바다를 좋아하고 취미가 서핑이다 보니 나는 동해안에 주말 주택을 꼭 마련하고 싶다는 꿈을 갖게 되었다.

나의 세컨하우스 투자 원칙은 3가지였다.

첫째, 별장의 감성을 지닌 단독 주택이다.

세컨하우스의 목적은 복잡한 도심을 벗어난 여유로움과 휴식이다. 강릉과 속초, 부산, 제주 등 관광지 해안가 라인에 바다 조망을 자랑하는 아파트, 생활형 숙박 시설이나 콘도 분양권들이 있지만 그런 곳들은 막상 구매 후 몇 번 다녀보면 싫증이 날 수 있다.

나는 조금 불편하고 아파트에 비해 관리가 힘들어도 마당에 빨래도 널 수 있고 층간 소음 걱정 없이 맘껏 뛰놀 수 있고 캠프파이어도 가능한 촌집을 마련하는 것을 추천한다.

둘째, 보유하는 동안 지가 상승이 가능한, 힐링과 수익 두 마리 토끼를 잡을 수 있는 곳이다.

세컨하우스를 소비용으로만 구매하는 것은 투자자의 관점에서 보면 큰 손실이다. 강원도 해안가 근처의 토지는 매년 지가 상승률이 높다. 해안가에서 내륙으로 7번 국도를 기준으로 도로를 건너지 않고 바다까지 접근할 수 있는 토지가 희소성이 있고 토지 가치가 높다.

셋째, 나중에 매도가 쉬울 수 있도록 희소성이 있고 수요가 풍부한 소액 주택이다.

세컨하우스를 구매하며 하는 가장 큰 실수 중 하나가 1년에 한 번 있을까 말까 한 일들을 전제로 너무 큰 주택을 매수하는 것이다. 본인의 사용 용도에 맞게 혹은 조금 부족하더라도 소형 토지나 주택을 매입하는 것이 나중에 매도할 때도 부담 없다.

출처: 해양수산부

강원도 고성은 속초의 북쪽에 있는 관광지이다. 설악산과 바다가 가까우며 미세먼지 없이 푸른 하늘을 볼 수 있는 곳이다. 내가 매입한 주택은 강원도 고성 송지호 해수욕장에 있는 구옥 단독 주택이며 넓은 마당이 있어 시골 정취가 충만한 주택이다.

강원도 고성 송지호 해수욕장은 국내 최초 해중경관지구로 2018년 지정되었고 2022년 10월 착공을 하였다.

고성군이 국비 사업으로 '해중경관지구'로 선정했으며 정부에서는 고품격·고부가가치 해양관광산업을 육성하기 위해 수중 레저 적합 해역을 해중경관지구로 지정해 다이빙센터, 해중전망대 등 해중공원 사업을 추진할 예정이었다.

예정된 사업은 최대 450억 원이 투입되는 군 개청 이래 최대 사업이며 특히 민선 7기 최대의 국비 사업이 확정되어 총 450억 원을 투입하여 죽

왕면 오호리 송지호 해변 일대에 해중전망대와 해상인도교(스카이워크), 4계절 해양 레포츠센터를 설치, 남북평화 시대에 한반도 해양 레포츠 교류 협력의 상징사업으로 육성할 계획이었다.

교통망 호재

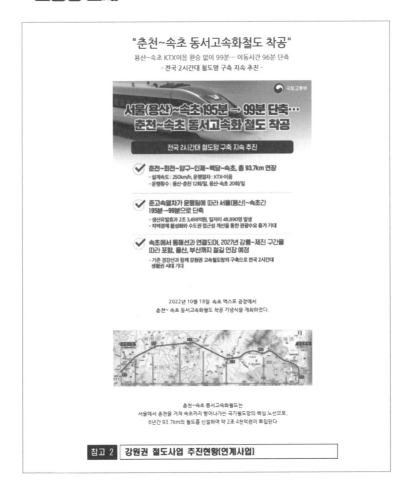

해당 주택을 사들일 당시 이미 서울-양양 고속도로가 개통되어 있어 서울에서 2시간 거리로 접근성이 좋았으며 '동해안선'이라 불리는 동해북부선이 구축되고 있었다. 그리고 2022년 10월 18일 강원 속초시에서 '춘천~속초 동서고속화철도' 착공 기념식을 했다.

아파트 시세와는 다르게 단독주택 시세를 파악하는 것을 어려워하는 분들이 많다. 단독주택 시세를 파악하기 편리한 온라인 웹사이트 플랫폼

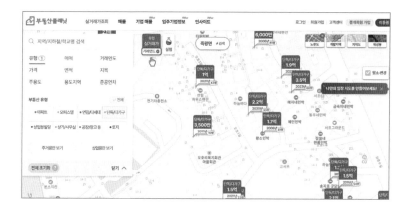

중 대표적인 곳은 부동산 플래닛이라는 사이트이다.

위의 사이트를 활용하여 실제 거래된 가격과 다양한 정보를 취합하고 자신만의 기준시세를 정한다면 직장인들도 불필요한 발품을 줄이고 효율적으로 매물을 검색할 수 있다. 강원도 고성의 송지호 해수욕장 바로 앞 단독주택을 나는 평당 300만 원대로 매수하였고, 매수 후 해양관광복합지구조성사업이 착공되어 토지가는 바로 상승하였다. 현재는 평당 600만 원대에 거래가 이루어지고 있으며 바닷가 앞 주택을 원하는 수요는 꾸준히 증가하고 있다.

세컨하우스 투자 3원칙을 활용하여, 당신이 꿈꿔온 소중한 우리 가족의 세컨하우스를 성공적으로 마련하고 수익성과 행복한 삶, 두 마리 토끼를 모두 잡기를 바란다. 지금 이 순간, 이 페이지를 펼친 당신이 오랫동안 마음속에 그려온 푸른 정원이 펼쳐진, 멋진 세컨하우스가 돈 공부를 통해서 반드시 실현되기를 바란다.

재개발 지역 투자 성공 비법

면목동 600만 원으로 소액 투자

서울의 아파트값이 최근 몇 년간 큰 상승을 보이면서 고가 아파트 인근의 빌라 가격이 상대적으로 저평가되어 있다고 판단했다. 이에 더하여 서울은 빈 땅이 거의 없으므로 신규 주택공급을 위해서는 재건축과 재개발이 유일한 대안으로 떠오르고 있다. 특히 현 서울 시장의 정책 방향도 도시 정비형 재개발을 통한 주택공급을 지원하는 것이다. 또한 윤석열 정권의 주택공급 방안에는 도심 역세권 재개발 방안이 포함되어 있다.

내가 매수했던 면목역 인근 노후 빌라의 경우 재건축 재개발 바람이 불어온다면 수익이 날 것이라고 판단했다. 대학 시절까지 성동구 인근 빌라에서 살았기 때문에 면목역 주변은 매우 친숙한 지역이었다. 그럴 뿐만 아니라 어린 시절 노후화되었던 빌라가 재개발 후 뉴타운 지역으로 탈바

꿈되어 신축아파트로 변하는 것을 왕십리 지역에서 목격했다.

면목역은 서울지하철 7호선 변두리로 논현역까지 21분 거리로 강남 접근성이 우수한 지역이었고 면목선 경전철 신설 호재가 있었다.

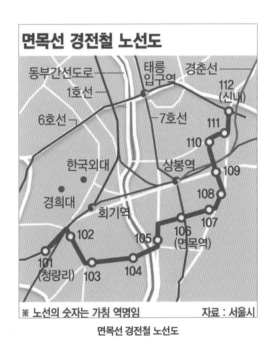

면목선 경전철 노선도

면목선은 총 길이 9.05㎞의 경전철로 신내역(6호선·경춘선)에서 출발해 청량리역(1호선·경의·중앙선·수인 분당선)을 잇는 경전철 사업이다. 중랑구 신내동·망우동·면목동과 동대문구 장안2동·전농동을 지난다. 정차역으로는 면목동의 능산삼거리, 중랑구청사거리, 신내지하차도 삼거리, 우림

시장 오거리, 겸재삼거리, 면목역사 거리, 장안교사거리와 동대문구의 장안동삼거리, 전농동사거리, 시립대사거리, 청량리역이 거론되고 있다.

그리고 도시 정비형 재개발 사업의 활성화를 위해 역세권 기준을 250m에서 350m로 한시적으로 완화해 주었기 때문에 역세권 재개발이 추진되면 용적률이 상향되어 사업성이 좋아지고 투자수요를 불러일으킬 수 있다고 판단했다.

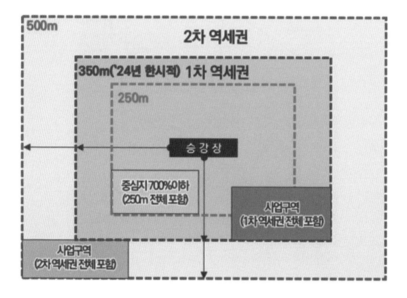

당시 면목역세권 내에 있는 빌라를 매수한 가격은 2억 3,600만 원이었고 전세는 2억 3,000만 원이었다.

투자금이 600만 원밖에 들어가지 않는 투자였고 미래 개발 가능성이

부자의 공부법

컸기 때문에 장기적인 관점에서 투자를 진행했다. 자기 투자금이 거의 들어가지 않는 투자의 경우 시간을 차입 삼아 투자의 수익성을 극대화할 수 있다. 그러나 반대로 재개발 빌라 투자에 몇억의 돈이 들어가는 초기 투자금이 높은 경우라면 목돈이 장기간 묶일 수 있고 오랫동안 보유할 수 없게 된다. 결국 충분한 이익을 보지도 못한 채로 매도해야 하는 안타까운 경우도 많이 보게 된다.

면목동은 투자금은 600만 원 정도였으나 매수 후 역세권 도시 정비형 재개발 사업이 추진되어 시세가 현재 상당히 올라서 호가는 4억 이상에 형성되어 있다.

역세권 도시 정비형 재개발 사업이란 기반시설 용량 및 경관의 부담이

상대적으로 적은 역세권에서 「역세권 장기전세주택 건립 운영기준(이하
"이 기준"이라 한다)」에 따라 정비계획(사업계획)을 수립하여 주택공급 및 장
기전세주택을 건립하는 사업이다.

사업대상지는 역세권 안에 포함되어야 하되, 하나의 사업대상지는 1차
역세권 또는 2차 역세권 각각의 역세권 범위에 사업대상지 전체가 포함
되어야 한다.

사업대상지 충족요건은 다음과 같다.

대상지 면적 3천㎡ 이상 및 계획세대수 100세대 이상(공공주
택 세대수 포함)
「서울특별시 도시 및 주거환경정비 조례」 제6조 제1항 제3호
에 따라 노후·불량건축물의 수가 대상 지역 건축물 총수의

60% 이상이면서, 「서울특별시 도시 및 주거환경정비 기본계획」의 '정비 예정 구역 검토기준'에 따라 다음의 기준을 만족하는 지역

가. 노후도 30년 이상 경과 건축물 비율 30% 이상

나. 과소 필지 150㎡ 미만 필지 비율 40% 이상 또는 저밀이용 2층 이하 건축물 비율 50% 이상

위의 요건을 모두 충족하였기 때문에 면목동 빌라 투자 지역은 현재 역세권 도시 정비형 재개발 사업이 순조롭게 진행 중이다.

나의 투자 사례처럼 서울에 아파트가 천정부지로 올라서 도저히 접근할 수 없다면 그대로 포기하는 것이 아니라 미래에 새 아파트가 될 재개발 지역 빌라에도 관심을 둔다면 큰 이익도 얻고 서울 중심지에 꿈에 그리던 신축아파트를 조합원 자격으로 분양받을 수 있다.

당신의 노후를 지켜 줄
상가 투자 비법

퇴사 후에도 안정적인 월세 소득을 구축하기 위해서 상가 투자를 지속적으로 공부하고 실행했다. 마침 경매로 맘에 드는 상가물건이 나와 투자하게 되었다.

종로구 숭인동 숭인상가아파트 1층 상가 54, 61호이다. 1층 상가이며
2개 호수 합쳐 전용면적 10평 조금 넘는 물건이 감정가 3억에서 1회 유
찰되어 최저가 2억 4,000만 원에 나왔다.

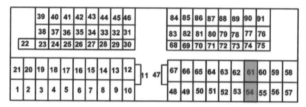

(호 별 배 치 도)

서울시 종로구 숭인동 **204-11**外 숭인상가아파트 **1층**

대로변 쪽에 위치한 1층 상가로서 청계8가부터 숭인동까지 건축자재 (동파이프, 소화기, 보일러 등) 전문 도매 상가 밀집 상권이며 1층 상가에 공실은 없었고 현재 경매 물건지인 풍산파이프는 폐점 상태인 것으로 확인되었다. 동파이프 등의 건축자재들은 건축 시 필수 자재이며 단가가 높기 때문에 보기에는 가게가 허름해 보여도 수입은 높을 것이라는 것을 알고 있었다. 가게들이 작은 평수로 여러 상가가 들어와 있는 것을 보면 이곳의 상권이 살아있다는 것을 알 수 있다.

'월세가 얼마나 나올까?'

평일 직장을 일찍 마치고 오후에 지하철을 타고 숭인 상가에 임장을 갔다. 옆 가게들이 모두 비슷한 평수에 비슷한 업종이었기에 실례를 무릅쓰고 임대 시세를 물어봤지만 정확히 알려주는 곳은 없었다. 그런데 다행히도 상가 안쪽 복도에 정말 옛날식 구멍가게가 있어서 그곳에 들어가 음료

수를 하나 사서 마시며 가게 주인께 여쭤보니 정말 많은 정보를 얻을 수 있었고 드디어 윤곽이 잡히기 시작했다.

월세 시세는 1,000/130~140만 원 정도이고 대로변 가게들은 손바뀜이 많지 않다는 것과 예전에 청계천 복원 전에는 상권이 더 좋았지만, 청계천을 복원하며 도로가 좁아졌고 그래서 차가 밀려 예전보다 좀 불편해졌으며 요즘 경기가 안 좋아 임대 시세가 예전에 비해 낮아졌다는 얘기를 들었다.

그리고 숭인상가아파트는 1979년에 준공되었는데 그동안 재건축 추진이 있었지만 재건축 시 도로로 상당 부분을 내줘야 하며 현재로서는 재건축을 해도 수익률이 나오지 않기 때문에 재건축은 무산되었다는 얘기를 들을 수 있었다. 풍산파이프는 폐업한 지 1년 이상 되었으며 가게 안에는 물건이 남아 있지 않다는 정보도 얻을 수 있었다.

구멍가게 주인께는 감사하다는 인사를 드리고 나와서 근처 부동산에 들렀다. 두 군데를 들렀는데 숭인상가 바로 옆 건물 부동산에서는 굉장히 부정적인 견해를 보였다. 월세 100만 원 정도 받기도 힘들며 건축 자재 등의 소매점 말고는 들어올 업종도 없을뿐더러 음식점 등 수도가 필요한 업종은 정화조 법에 저촉되어 세를 놓을 수 없다는 얘기였다.

부동산 사장님도 입찰은 생각하고 있는데 최저가에 가깝게 써볼 생각이라며 그다지 수익률이 높지는 않을 것이라고 하셨다.

'좋지도 않은데 왜 입찰을 생각하실까?' 약간 의문스럽긴 했지만 "입찰하면 큰일 날 뻔했네요. 감사합니다."라고 인사를 남기고 나왔다.

한 군데 더 가봐야겠다고 생각하며 옆 건물 부동산에 들어가 시세를 여쭤봤다. 여기서는 구멍가게 주인분께 들었던 1,000/130만 원 정도에 세를 놔줄 수 있다는 얘기를 들었고 실제로 2달 전 경매 물건 옆 점포를 2,000/130에 세를 놨다는 얘기를 들을 수 있었다.

'여기가 제대로 알려주는구나!' 생각하며 매매시세도 물어보니 매매시세는 감정가인 3억 정도로 생각하면 될 것 같으며 실제 매물도 없고 거래 사례도 많지 않아 정확한 매매시세는 알 수 없다고 말씀해주셨다.

마지막으로 상가 관리사무소에 전화해서 관리비 미납금을 물어보니 다른 물건번호의 호수까지 모두 합쳐 약 1,000만 원 정도의 관리비가 미납되어 있다는 얘기를 들을 수 있었다. 낙찰 후 관리사무소와 협의만 잘되면 관리비 미납금은 공용관리비 부분만 낼 수도 있고 다른 호수의 낙찰자와 같이 부담할 금액이므로 많아 봐야 200~300만 원 정도 낼 수도 있겠다고 생각하며 임장을 끝내고 집으로 돌아왔다.

다음 날 대출을 알아보니 상가가 의외로 대출 한도가 많이 나온다. 1금융권인 기업은행에서 낙찰가 80~85%까지 나온다는 상담을 받고 입찰을 하기로 결심하게 되었다. 2등과 적은 금액 차이로 낙찰받았다.

입찰가 2억 7,300만 원

취득세 4.6%- 1,300만 원

대출 2억 3,000만 원(이율 4%) 매달 이자 76만 원

임대 1,000/140

순 투자금 2억 8,600만 원-2억 4,000만 원=4,600만 원

순수익 140만 원-76만 원=64만 원

수익률이 아주 좋은 건 아니지만 1층 상가라 안정적이고 추후 재건축 시 상가분양권 2개가 주어지니까 나름 만족했다. 결국 투자는 당시 시점에서만 보는 것이 아니라, 미래 가치를 보고 하는 것이기 때문이다.

잔금 납부 후 2주가 지나고 인도명령이 나오고 명도를 하러 갔다. 가게가 폐점 상태였지만 무턱대고 키를 따고 들어갔다가는 나중에 복잡한 문제가 생길 수 있기 때문에 잘 해결되기를 바라며 일단 가보았는데 운 좋게도 현장에 가서 전 임차인과 관리사무소에 전화 몇 통으로 너무 쉽게 해결이 되었다. 상가관리사무소에서 키 받고 명도가 간단히 끝난 덕분에 시간과 비용을 많이 절약할 수 있었다.

임대는 명도 하러 갔을 때 옆 상가 주인과 얘기를 나누다가 다른 가게 임차인이 세를 구한다고 소개해 주어 그 자리에서 직거래로 세를 바로 놓을 수 있었다. 직거래로 세를 놓는 과정에서도 협상이 매우 중요하다. 말 몇 마디에 월세와 수익률이 달라지는 중요한 순간!!! 상가는 수익률이 매매가를 결정한다.

경매 투자는 입찰 전, 명도 전, 명도 후 늘 철저한 준비가 필수이다. 해당 상가 투자는 3년간 한 달도 빠지지 않고 월세 수익을 안겨 주었으며 2억 7,300만 원에 매수한 뒤 3년 후 4억 6,000만 원에 매도하게 되었다.

끝없는 도전으로 당신만의 파이프라인을 구축하기를 응원한다.

여전히 우리는 돈 공부를 멈추지 말아야 한다

월급 180만 원에서 시작했던 나는 빠르게 변화하는 돈의 흐름을 읽고 돈 공부를 하며 내 삶을 바꾸었고 수십억 자산가가 되었다. 그러나 여전히 투자를 망설이는 사람들은 나의 성공을 부러워하면서 많은 질문을 쏟아낸다.

"요즘 전 세계 경기가 침체되고 있는 상황인데요, 투자했다가 가격이 갑자기 하락하지는 않을까요? 그냥 기다렸다가 몇 년 후 가격이 바닥이 되었을 때 급매로 사는 게 낫겠지요?"

돈 공부를 통해서 실력을 쌓고 잃지 않는 투자를 해야겠다는 생각 대신, 이런 분들의 마음속에는 '언젠가 가격이 바닥이 되면 내가 진입해야지.'라는 마음이 깔려 있다. 그럴 뿐만 아니라, 소액으로 작게 투자를 시작하면 구체적인 물건이나 종목에 더욱 크게 초점을 맞춰야 하는데 온통 부정적인 뉴스와 소식에 민감하게 반응하면서 균형을 잡지 못한다. 결국, 두려움으로 아무것도 시작조차 하지 못한 채 시간이 지난다. 또는 중간에 돈 공부를 멈춘다. 그들은 현금을 보유하며 자신의 돈을 지켰다고 믿는다. 그런데 그들이 놓친 것이 한 가지 있다.

비관적이고 부정적인 상황에서도 틈새시장은 언제나 있다. 예를 들면 지난 정권에서는 주택에 대한 규제가 매우 심해서 세금과 대출이 문제였다. 그러나 그렇다고 모든 사람이 투자를 멈춘 것은 아니었다. 비주택 부동산 매매 건수는 최대치를 갱신했다. 당신이 비관적인 소식과 부정적인 소식에만 신경을 쓰면서 아무것도 하지 않는 동안에 누군가는 그 안에서도 내 돈을 굳건하게 지키는 방법을 연구하면서 꾸준하게 재테크를 통해서 자산을 키워나가고 있다.

돈 공부를 멈추는 순간, 인플레이션에 대해 방어를 할 수 없게 된다. 인플레이션은 통화량 증가로 시중에 돈이 많이 풀리면서 화폐 가치가 하락하는 현상이다. 모든 물건의 가격이 꾸준히 상승하게 되면서 계속해서 돈이 늘어나는 자본주의 사회의 시스템이다. 인플레이션은 직장인의 월급이 오르는 것으로는 따라잡기 힘들다. 열심히 회사에 다녀도 결국 월급이 오르는 속도가 물가가 오르는 속도보다 느리기에 돈 공부를 통한 투자가 없다면 점점 더 가난해질 수밖에 없다.

인플레이션을 방어하는 확실한 방법은 물가가 반영되는 자산을 소유하는 것이다. 그것이 바로 투자의 본질이다. 부동산 투자, 주식 투자, 사업 운영, 금 투자 등 투자에는 다양한 조율이 있다. 결국 돈 공부를 통해

안정적인 자산을 마련하고, 내가 일하지 않아도 돈을 벌어주는 시스템을 구축해야 한다. 그렇게 되면 시간이 지날수록 자산의 가치는 인플레이션 속도보다 빠르게 증가해 당신은 부를 지킬 수 있을 것이다.

그 어느 순간에도 돈 공부를 멈춰서는 안 된다. 경제적 자유라는 목표를 설정했다면, 시장의 상황에 맞추어서 꼼꼼한 분석하에 지속해서 자산을 구축해 나가야 한다.

당신의 돈 공부를 뜨겁게 응원한다.

부자 아빠의 돈 공부 수업

평범한 직장인으로 수십억 자산가가 된 이준표 저자의 투자 사례를 보면서 치열한 노력과 실전 노하우를 알 수 있다. 직장을 다니면서도 투자를 통해서 수입을 창출해 낸 사례로 사람들에게 무한한 희망과 긍정의 힘이 전해진다. 특히, 이준표 저자의 영리치 공식과 세컨하우스 투자 3원칙에서는 투자 수익을 얻고 경제적 자유를 얻기 위한 노하우를 발견하게 된다. 실제 사례를 하나하나 읽으면서 본인이 원하는 삶을 이루어나갈 수 있다는 희망이 가슴을 꽉 채우게 된다.

상가 투자 사례 역시 꼼꼼한 현장 조사와 노력을 통해 소액으로도 충분히 월세를 만들어 낼 수 있다는 현실적인 가능성과 희망을 보여준다. 직장 생활로 시간이 부족하고 실전 투자가 막막하게 느껴진다면, 이준표 저자가 제시하는 실전 투자 성공 비법을 보는 것만으로도 가슴이 뻥 뚫리는 느낌을 받게 될 것이다. 아파트 투자에 대한 정보와 함께 상가, 재개발, 세컨하우스 등 다양한 투자 방법으로 부자가 될 수 있는 새로운 기회의 문이 활짝 열려 있다는 것을 깨닫게 될 것이다.

EPILOGUE

　결혼하고 부모가 되고 나서 세상을 더욱 관찰하는 습관이 생기게 되었다. 매일매일 스쳐 가는 사람들 중 예전에는 내 또래의 사람들만 눈여겨보았다면, 어느 순간부터 어린아이들도 보이기 시작했고 부모님 연세 어르신들의 모습도 가슴에 더욱 와닿게 되었다. 결혼 전에는 몰랐는데, 지극히 쉬워 보이는 일상이 자본주의 사회에서는 얼마나 힘들게 유지되고 있는 것인지 알게 되었다. 아이를 키우는 데 얼마나 많은 돈이 드는지, 노후 준비에 얼마나 많은 돈이 드는지, 준비되지 않은 미래는 얼마나 큰 두려움을 안겨주는지 안타깝게도 나이가 들면서 하나씩 깨닫게 되었다.

　돈에 대한 무지는 가난으로 이어지고 일상의 소소한 안정과 행복까지도 가로막을 수 있음에도 여전히 우리 사회에서는 돈을 터부시하고 학교에서도 돈에 대해서 가르치지 않는다. 부모님의 사업 부도, 원룸에서 시작했던 신혼 생활, 옥탑방에서 키웠던 둘째, 힘들었던 순간들은 나로 인하여 돈에 대해 더욱 깊이 생각하게 했다. 가난은 단순히 경제적인 어려움에서 끝나는 것만은 아니었다. 사고방식, 삶의 태도, 인간관계까지 많은 부분에 영향을 줄 수 있기에 나는 가난이 무서웠고 두려웠다. 처음에는 가난이 무서워서 악착같이 안 쓰고 모으면서 가난을 피해 보려고만 했지만, 그것이 자본주의에서 살아남는 정답이 아니라는 것을 깨닫는 데는 그리 오래 걸리지 않았다. 결국 돈을 불려 나가는 부자의 방식을 찾아 나서야 했다. 그렇게 나의 돈 공부가 시작되었다.

며칠 밤을 새우면서 이 책의 저자들의 이야기를 읽고 또 읽었다. 돈에 대한 두려움과 걱정으로 그들의 돈 공부 여정이 시작되었다. 위기 속에서도 굴복하지 않는 용기, 자신에 대한 믿음, 새로운 배움 등으로 그들은 가난을 극복했다. 결국 돈 공부는 단순한 경제적인 부분을 넘어서 가치관과 태도를 담는다. 그들의 돈 공부 여정의 마무리에는 희망과 새로운 시작의 기운이 가득 느껴진다.

부자가 되기 위한 돈 공부는 한순간에 끝나는 것이 아니다. 평생 계속되는 여정이다. 부자가 되는 길은 단순한 투자나 도박으로 이루어지는 것이 아니다. 새로 배우고 실천해야 하고, 위기 속에서도 기회를 찾으려는 용기가 있어야 하고, 무엇보다도 나에 대한 믿음이 있어야 한다. 그리고 자본주의 시대에서는 나 자신의 노동력에만 의존하기보다는 레버리지와 현금 흐름을 활용해서 더 빠르게 나아갈 수 있는 재테크 지식을 갖추어야 한다. 부자에 대한 기준 역시 개인의 삶의 가치관에 따라서 모두가 다를 수 있다. 끝없는 물질적인 풍요만을 추구하면서 인생을 허비하기보다는 자신이 원하는 가치를 추구하며 스스로 목표를 정하고 이루어나간다면 물질적 풍요와 내면의 풍요도 함께 이루는 진정한 부자가 될 수 있을 것이다. 결국 부자의 돈 공부법은 부자의 기준을 스스로 세우고 이루어나가는 전 과정을 포함한다.

나를 포함해서 이 책의 저자 중 그 누구도 처음부터 재테크에 대한 경험이나 지식이 많았던 분들이 아니었다. 그러나 꾸준한 돈 공부와 실전 투자, 경험, 실전 지식 축적을 통해서 고지에 오르게 되었다. 지금 당신이 어떤 위치에 있든, 우리에게는 하나의 공통점이 분명히 존재한다. 바로 우리는 자신의 삶을 한 단계 더 발전시키고 싶어 한다는 것이다. 그것이 바로 당신이 이 책을 펼쳐 든 이유이다. 하지만 대부분 사람은 매일 아침, 어제와 다를 것 없이 지하철에 몸을 싣고, 만원 버스에 몸을 끼워 넣고, 오늘도 무거운 몸을 이끌면서 스마트폰에 눈을 고정한 채, 돈 걱정을 하면서 한숨만 쉬고 방법조차 찾으려 하지 않는다.

가난한 집에서 태어났다는 것을 원망한다고 해도 삶은 변하지 않는다. 적은 연봉을 원망해도 삶은 변하지 않는다. 정말 중요한 것은 이제 우리가 무엇을 어떻게 할 것인가, 원하는 부를 어떻게 무엇을 해야 이룰 수 있을 것인가에 초점을 맞추어야 한다는 것이다.

당신은 특별한 사람이다. 당신에게는 기회가 있다. 당신은 이 책을 펼치기 시작했고, 희망의 첫 페이지를 열었기 때문이다. 평범했던 그들이 해냈고, 당신도 분명히 해낼 수 있다. 불안과 걱정이 앞선다면 돈 공부가 나만을 위한 것이 아니라 사랑하는 가족을 위한 것이라는 사실을 생각해 보자. 그리고 평범했던 그들의 이야기를 다시 한번 몇 번이고 읽어보고 다시 한번 조금 더 큰 용기를 내 보자.

지금까지 힘든 순간을 견뎌내고 여기까지 온 당신은 그 누구보다 빛나고 강한 사람이다!

이 책의 첫 장을 펼치는 순간 이미 당신의 새로운 미래가 시작되었다!

당신은 누구보다 멋진 삶을 누릴 자격이 있다!

끝으로 책을 통해서 당신의 삶의 일부로 당신을 응원할 수 있는 영광을 갖게 해 준 독자들께 다시 한번 깊은 감사의 말을 전하고 싶다.

2024년 8월
저자 일동

부자의
공부법

1판 1쇄 펴낸날 2024년 8월 14일
1판 2쇄 펴낸날 2024년 9월 5일

지은이 이지영·윤소영·박순녀·임진희·김소정·허석화·이준표

펴낸이 나성원
펴낸곳 나비의활주로

책임편집 김정웅
디자인 BIG WAVE

전화 070-7643-7272
팩스 02-6499-0595
전자우편 butterflyrun@naver.com
출판등록 제2010-000138호
상표등록 제40-1362154호
ISBN 979-11-93110-40-9 03320